香港
外科醫生

六十年回憶錄

李樹芬 著

特此鳴謝李樹芬醫學基金會及養和醫療集團為本書之出版提供
協助。

香港外科醫生 —— 六十年回憶錄

編　　著	李樹芬
責任編輯	黃振威
裝幀設計	涂　慧
出　　版	商務印書館 (香港) 有限公司
	香港筲箕灣耀興道 3 號東滙廣場 8 樓
	http://www.commercialpress.com.hk
發　　行	香港聯合書刊物流有限公司
	香港新界大埔汀麗路 36 號中華商務印刷大廈 3 字樓
印　　刷	美雅印刷製本有限公司
	九龍觀塘榮業街 6 號海濱工業大廈 4 樓 A 室
版　　次	2019 年 6 月第 1 版第 1 次印刷
	© 2019 商務印書館 (香港) 有限公司
	ISBN 978 962 07 6623 7 (精裝)
	ISBN 978 962 07 6618 3 (平裝)
	Printed in Hong Kong

目錄

第一卷 　踏在兩個世界的一個人

李維達醫生序

養和醫院由本港華人西醫創辦,是香港首間、亦是至今由醫生經營和管理的私家醫院。

伯父李樹芬醫生是養和首任院長,乃早年香港醫學領袖之一,與一眾香港及海外著名醫生非常熟稔。他每年都會外遊,順道與各國名醫交流,並參觀當地醫院,時有啟發。他引進了海外最新的醫療器材及技術,令養和的設備得以改進,服務水平不斷提升。

在協助醫生及照顧病人方面,伯父深知護士擔當了重要的角色。一九二七年,他在養和成立全港首間由私家醫院開辦的護士學校,自行培訓護士。全部學生經精心挑選,數十年來學費全免,並提供免費住宿。在教學方面,養和的醫生多年來一直參與護士培訓,為護士學生授課。這開啟了養和優良的護理服務傳統。

一九六六年,伯父離世,家父李樹培醫生接任院長。家父深受伯父影響,深信員工是養和最寶貴的資產,故此不論經濟情況如何,從未減薪裁員。他亦為護士學生及職員提供各類資助及獎學金,令養和最寶貴的資產得以「增值」。

「優質服務 卓越護理」,是家父為養和定下的服務宗旨。他認為養和要有最好的護士、設備和儀器,並深信管理層要身在前線,親身接觸其他醫生、護士及病人,養和方能提供最好的醫療

和護理，吸引全港最好的醫生。他本人以身作則，直至一百歲時依然應診，備受同業及各界人士尊崇。後來我接任院長，了解到醫院發展有賴醫學專業的領導，遂邀請多位專科名醫及港大前教授擔任養和副院長。我與一眾副院長既參與醫院行政，亦秉承家父傳統在前線診症，憑着個人的理想、經驗及建議，一起貫徹養和的管治理念，致力提升服務水平。此外，管理團隊亦有護理、商業、財務及法律等專才支援前線醫護團隊，大家理念一致，羣策羣力，令養和成為本港首屈一指的私家醫院，品牌得以廣傳，贏得海內外的認同。

養和多年來熱衷培訓下一代的醫生，並與各地大學及大學教授緊密聯繫，從而加深對前線醫生的了解，緊貼醫學最新發展。在護理方面，不論是來自本院護士學校或其他大學的護士，我們都期望她們可以吸收養和文化，持續進修，提升效率，擔當醫生的重要醫療夥伴。二〇一六年，養和推出在職培訓平台「百年樹人計劃」（Project 100），資助合資格護理及專職醫護人員到國內及海外受訓、參與國際性學術會議及修讀專業進修課程，提升學術及專業水平。參加者有機會接觸各地醫院文化及營運模式，學習最頂尖的醫學技術，擴闊視野，回港後有助提升養和的服務和運作，令養和可以不斷前進。

伯父以行動奠定養和根基，以理念啟發每一代養和人追求卓越，「養和之父」之美名，當之無愧。醫學發展瞬息萬變，病人及家屬的期望亦與日俱增，我們將繼續秉承伯父確立的優良傳統，積極求變，順勢發展，與前線醫護人員同心協力，緊密合作，病人得以安心接受治療及休養，造福大眾。

　　是為序。

李維達醫生

養和醫療集團行政總裁

養和醫院院長

眼科專科醫生

許幹森序

　　李樹芬醫生是我的舅父，在家族中地位顯赫，堪稱族中首長。

　　李醫生英文流利，是上世紀初少數到過外國留學的華人，日治前受港英政府委任要職，是香港首席華人代表之一，大家都很仰慕他。

　　我年輕時在赤柱聖士提反書院就讀，當時正值日本侵華前夕，每逢放假回鄉探親，都會住在李醫生位於廣州河南的老家，與他的父母同住。

　　造物弄人，我完成中學會考之日，就是香港淪陷之時。日本軍政府厲行歸鄉政策，我被迫還鄉，途經桂林和韶關，輾轉回到廣州老家。後來我畢業於嶺南大學，一九四六年來港，即到中環拜會李醫生。

　　李醫生當時是養和醫院院長，他在中環的醫務所亦非常繁忙。匆匆一見，印象中的他是嚴肅、有威嚴，但非常友善，跟以往親戚間相傳者無異。

　　對我們而言，李醫生儼如一族之長；對養和來說，他更是無可取替。李醫生獲邀擔任院長之前，養和醫院入不敷支，舉步維艱。他到任後毅然重組養和，不惜舉債擴建，業績初見曙光之際又逢日軍攻港，期間救傷扶危，以一人之力保護全院上下，免受日軍蹂躪，箇中辛酸，可見於他這本《香港外科醫生》。後來

李醫生受日治政府威脅，被迫逃回大陸，重光後回港着手重建醫院，使其得以在極短時間內重新投入服務，並適逢戰後人口急增需求膨脹，積極擴充，為養和建立了穩固的基礎。

　　李醫生經營養和，盡顯其個人識見及魄力；他亦富冒險精神，閒時熱愛打獵，斑豹、犀牛、巨象、雄獅、猛虎盡是他的收藏品。從年少時投身反清革命，到率先引入西方先進醫療技術，破除迷信，只要是對的，李醫生便會義無反顧，敢於開創新天新地。及後，李醫生捐出時值一千八百萬港元的養和股額成立李樹芬醫學基金會，成為當時養和醫院最大單一股東。多年來基金會為醫學教育、臨床科研及慈善事業不遺餘力，致力實踐李醫生盡其所能，使世界更為美好的信念。李醫生以過人的識見、堅毅的意志、為後世造就美好的抱負，獻出一生。其畢生風浪起跌，盡錄於《香港外科醫生》，永遠值得後世細味、閱讀、紀念和垂範。

許幹森

養和醫院經理（財務）

曹延洲醫生序

　　李樹芬醫生是我姐夫李樹培醫生的兄長，是上世紀初少數曾出國深造、回港後積極參與公共事業及醫學教育的香港華人。年輕時家庭飯聚，跟李醫生偶有見面，覺得他是一個嚴肅、慈祥的長輩。後來讀到他的自傳《香港外科醫生》，對他有更深的了解。

　　一九五八年我從香港大學醫學院畢業，隨後到英國深造。一九六四年，香港大學成立兒科部，獲李樹芬醫學基金會資助聘請臨時講師（Temporary Lectureship），我有幸獲選。李醫生事前全不知情，直至後來我倆在養和午餐時才知悉。他驚訝之餘，亦不忘語重心長地提醒我，不要以為自己是因為親戚關係而獲聘，要好好盡展所長。

　　李醫生是一位外科醫生，曾出任中華民國衛生司司長兼臨時總統府醫事顧問，以及廣東公醫大學醫學院校長等要職。後來他肩負營運養和醫院的重任，設立護士學校，為養和發展奠定重要的基礎。只要披閱《香港外科醫生》一書，便可知道他一直心繫家國，寄望國家醫學及醫學教育可以長足發展，一如書中自序所言「以臻強身強種之境」。他將所有養和持股用作成立李樹芬醫學基金會，就是一心為下一代略盡綿力，「使世界比我初生所見的更為美好」。時至今日，基金會致力支持本港醫學教育，於香港大學及香港中文大學成立多個基金教授席，並積極資助各類科

研活動。

　　基金會現時是養和醫院的單一股東。養和醫院一直秉承「優質服務 卓越護理」的信念，成功招攬本港優秀醫護人才，贏得病人及公眾信任。養和醫院並非私人控股，收益撥入基金會。近年醫院發展蒸蒸日上，基金會的資源亦漸見充裕，足以支持醫院擴建、購置先進儀器及增聘人手，日後將進一步推動本港醫學及護理教育，提升醫療水平，實踐李醫生的理念。

　　《香港外科醫生》記錄了李醫生的精采一生。我在李醫生過世後才加入養和，雖無緣和他共事，卻在行醫、醫院行政，以至做人處世都深受其影響。他為養和默默耕耘，對社會無私奉獻，令本港醫療發展可以走得更前更遠。他建立的雄厚根基，不僅是屬於養和，更是屬於整個社會及所有華人。他，確實使世界更為美好。

曹延洲醫生

養和醫療集團首席醫務總監

養和醫院副院長

兒科專科醫生

編 輯 説 明

作者早於一九六四年出版 *Hong Kong Surgeon*，

翌年出版中譯本《香港外科醫生 —— 六十年回憶錄》

為保留原書面貌，新版除改正書中錯字、

補正漏字和統一部分用字以外，其他一律不作修改。

原書中有部分內容與史實及英文版有出入者，

則於書末註釋另行標示。

引言

余聞李樹芬博士之名久矣。一九六一年，英國醫學報編輯格力醫師赴澳洲參加醫學會議，道經芝加哥，此沉靜而莊嚴之英國友人，以滿懷興奮之態度告余：「閣下若至香港，勿忘一訪李樹芬其人。」翌年，余卒獲得良機與李醫師會晤，且與彼結交為好友，其時李博士正在著作此書之英文本，余請求一閱原稿，李氏慨允。閱之再三，余極欣賞本書內容之豐富與筆墨之生動。李君為人，經歷繁廣，趣異事跡層出不窮。彼不獨為一有名之外科醫師，且對於建築及醫院行政亦有名於時。李博士曾為孫中山先生之醫事顧問，可見其人多才多藝矣。此外，對設置庭園幽雅之居所、培植花木，皆精密有緻，況復經常漫遊世界各地，見聞廣博，再加美術觀感，談吐幽默，使人可親。再者，李博士對於貧困者極表同情，且常予援助，益使人欽其風義。此書所述，偶而一觀或未知其真趣，細讀必能神往也。本人曾到其「白璧」與「青璧」兩別墅，親歷其地，更欽佩其美學造詣。讀者如未諗李博士其人其事，可在此書中得之。

前美國醫學報編輯
現任《世界醫學新聞雜誌》編輯 費史彬醫師 作於美國芝加哥

依班尼斯醫師序

　　余甚引為幸，得以認識一位名醫，其一生之事蹟，有如神話之《天方夜譚》，充滿驚人冒險與偉大。由幼年在加拿大滿地可偶為頑童以石塊擊穿頭顱至今日所獲取應得之榮譽與地位，其一生之成就，堪作為吾人之模範，此人乃李樹芬博士也。

　　李博士與余曾多次在香港、利維里亞、紐約、維納斯等名勝地相晤，交談時，每使余神往，其言行使余永誌不忘者也。今李君在此書述及其一生瑰奇之經歷，及記載中國現代史事，如民初政府之奮鬥，與西方國家之關係等。至要者，乃彼能自創其歷史，是以當較錄述之歷史尤為生動信實也。

　　李樹芬博士為外科醫師中之傑出者，在中國革命初期，當孫逸仙先生為臨時大總統時，彼曾任衛生司司長；其後至香港，建立醫院為人羣服務，對於貧病者，尤為顧及，同時，對於青年有志於醫學者均加以鼓勵及扶植。李君對於香港大學貢獻亦復不少，是以該大學醫學系一所建築物命名為「李樹芬樓」。

　　李博士有超卓之審美能力，觀其兩所別墅 —— 香港之「白璧」與九龍青山之「青璧」 —— 設計與佈置之精美而可知。其私人遊艇「飛鳳」號常作來往兩處之交通工具。

　　除建管全球最大之私人醫院及創立李樹芬醫學基金以促進醫學教育等外，李君乃唯一之中國籍狩獵家，能獵得世上最兇險之「六大

獸王」(即獅、象、虎、犀牛、斑豹與野牛),此等獵獲物,多已製成標本陳列於「白璧」別墅內,尤引人注目者,乃巨型猛虎一頭,其標本之精製,有如活虎,張牙露爪,雙目炯炯生光,皮毛似仍發出汗味,惟步經陳列之猛虎而至戶外時,環境驟變,蓋李君在園中所植之二千餘株玫瑰,四處盛開,清香撲鼻,可見李博士對美術確有心得。

玫瑰與猛虎,可視為李君之性格及其生活——在美麗方面有如玫瑰,在艱苦之遭遇時則有如遇殘酷之虎爪。如欲知李君常帶歡容處世,則必先知其個性,蓋彼視死有如在比賽中之拳術家,對敵手毫無畏懼也。其對生,則視之有如青年對其深戀之少女,充滿熱情與欣快。

忍耐、宏毅、堅強、勇敢、勤奮,此數項為李醫師完成其光輝成績之德行,是以其能抗拒疫癘、瘧疾、肺癆、十二指腸潰瘍、高血壓,以及犀牛之衝襲,及第二次大戰日軍佔港之艱苦。李君之經歷,可謂比之電影傳奇毫無遜色。雖然李君苦患備嘗,然其對於人類之同情與博愛心,反而增加。

此書充滿奇異、孝友、勇敢,及事業之成功,自必為文學界成功之作品無疑。

前紐約醫學院醫學歷史教授
現《M.D 醫學新聞雜誌》發行人兼總編輯 依班尼斯醫師 作於紐約

自序

二十多年前，革命元老伍于簪先生曾贈我一副對聯云：

「○○○○○○○　著書無字不千秋」

此聯之意義深印在我的腦海中，因為它頗合於我的進取心也。可惜，在一九四一年日本侵襲香港時，將之遺失。復因年遠忘記了上聯，苦思不得，時時為此而請教飽學之士，但是，仍未能獲得適當和愜意之上聯。

有一天，我漫遊巴黎，在公園閒步，靈感忽至，擬了一句上聯如下：

「建國有方非一日」，乃急赴巴黎珠江酒家將之記錄，不久，我和前國民政府駐英大使鄭弗庭（天錫）博士共餐於倫敦。鄭博士對於國學造詣極深，我提此上引之下聯，向其請教，他沉思多時，仍無佳句，我乃告以「建國有方非一日」，鄭博士稱讚不已，因錄之作為紀念。

再者，在二次世界大戰之後期，我在美國，我的女兒芙馨、芙蓉亟欲得悉我一生經過歷史，尤其希望得知我在日治下香港三十八個月的經過，希望我將之著述。當時，我既逃出日軍鐵蹄下，亦擬將日軍在淪陷區之暴行發表，是以將逐一經過事件錄之成章，定名《日本黑龍會罪惡史》經紐約出版商接納出版，其後不久，原子彈投落廣島，將日人霸夢粉碎，戰爭結束，對於戰

時故事，似乎不很適宜了。故出版商勸我將原文改編，以適應時代，當時，我接受了。

回香港之後，目睹我創辦的，從前完善的養和醫院，業已破爛不堪，於是，我集中全力，將之回復原狀，為此而無暇顧及寫作。年復一年，時間在沉重的工作負擔中悄悄逝去，我的書還不曾寫。

一九六一年，我從醫務事業退休，結束我五十餘年為社會作醫事服務。我的女兒及親友們，尤其是依班尼斯醫師，力勸我重理舊作。他曾閱讀原稿，很欣賞此書的內容，且認為目擊者陳述日軍佔領香港時之殘酷事實，可垂永久。因此，我再執筆將昔日舊稿資料適宜之一部分參入新作。

這本書的出版，除上述原因外，絕無名利意圖，最主要之目的，因本人感覺我國人大致體弱多病，而科學底醫師尚大感缺乏，是以有鑒於此，本人將歷年奮鬥積聚而來之資金創立李樹芬醫學基金以促進醫學教育，以及從事醫學的精深研究和培植醫學人才，希望同胞共同努力以臻強身強種之境。現在尚未達到目的，希望同志同道有如國父之遺囑其中所云：「……革命尚未成功，凡我同志，仍須努力……」。

此外，本書特以我國為背景，祈望我國與西方得以互相了解，此乃現代世界和平之最大關鍵。

我寫作這本書時，自身恍惚如重溫舊夢，希望，讀者們能共享我的回憶。

李樹芬

一九六五年一月十四日

第一卷

踏在兩個世界的一個人

第一章

幻變

一、思往事

我是一個忙人，過去如此，現在也是如此。

過去在診症室裏，在手術室裏，工作的繁忙和緊張，自然可以想像得之的；現在，雖然祇是處理醫院的行政事務，但也足夠忙了整日的時間。

當然，這不過是指我每天辦公時間內的工作情形。當我工作完畢，駕車回到太平山鄰脈，拔海千呎的石崖上看到刻着「白璧」兩字的門樓的時候，我身心又回復舒暢了。

「白璧」是我寓所的題名。當我在廊道或花園閒步的時候，近可俯瞰維多利亞全城景色，遠可遙望九龍迷朦的嶂嶺。一甌碧茗，萬道彩霞，和我手植的千株玫瑰，溫馨壯麗，相互輝映，藏遊休息之餘，又不禁縈憶着我童年的故鄉了。

我的故鄉是廣東台山縣城東約十里的香頭墳村，李氏族人，聚居於此。

村名香頭墳，原有一段悲壯史實，茲並及之：

當南宋末年時，宋帝昺死於新會崖門後，當時有一重臣逃奔至我村，為元兵所斬，屍體為鄉人發現，但已失去頭顱。眾感其忠，乃用檀香木雕一頭形，合葬本村。地以人傳，所以本村就名為「香頭墳村」了。

因為談到我的家鄉，不禁又使我想念起我的宗族，「毋忘宗祖」，是我國的倫理，也是我國數千年來的優美文化，所以散處全世界各地的華僑，即使遠離祖國數代，而仍然不忘鄉邦，熱愛祖國，中山先生認為「華僑乃革命之母」，其思想實由宗族觀念所孕育而成。

我李氏宗祖，源出我國西北甘陝，所以李氏子孫均以「隴西」為郡望，後來歷經各朝變亂，便逐漸南移，落籍各省。我遠祖的一脈，即移籍粵省新會縣七堡鄉，俗稱「七堡李」，旋遷台山縣的纏禾田，因子孫繁茂，我祖遂分徙至城東約十里的鄉村，那就是上文所說的香頭墳村了。

我祖父諱進聖公 —— 祖母鄺氏 —— 經營航業，擁有大洋船（俗稱「大眼雞」）十數艘。我對航海及遊船的特別愛好，雖非遺傳，至少也可以說是深受影響了。

我祖父既擅海洋經商，大有所獲，同時在鄉廣置園地，墾植禾田甘蔗，阡陌連綿，一望無際，雖逐什一，已成富豪，為了防盜，金元硬幣，窖藏地下的，真是難以計算了。

我祖父在航海中，某次遭遇颶風，不幸舟覆人亡，所以祖父的墳墓，僅葬一銀像作為象徵，這和宋末忠臣的以檀香木代替頭顱下葬，實在太巧合了。

我的祖父去世以後，因我家人丁稀少，鄉中惡劣父老，以勢欺凌，恃勢強霸，財產物業，橫遭佔騙，所餘不多。時先父僅稚齡九歲，既失所恃，又逢噩運，其零仃孤苦，是可以概見的。

我先父兄弟共四人，長名作堯，字學桓；次名作舜，字學棟；三名作文，字學松；先父最幼，名作武，字學柏。尚有姊二人，因年遠已記不起她們的名字了。

先父學柏公雖然幼年喪父，幸尚薄有餘蔭，更得鄉親尚義資助，賴能苦讀詩書，力求進取，先父對國學頗有根基，即源於此。

年二十一，即隨三伯學松赴美經商。後奉祖母命回里成婚，即家母黃銀寬氏。外公黃廷錦先生，向在廣州經商，在高第街開設鞋店，先母是他的長女，愛護備至，因居省垣，見聞較博，性亦聰穎，幼喜隨其母唱誦坊間流行以忠孝節義故事編成曲句的木魚書，朗朗上口，過目不忘，間有疑難，不恥向人求教，所以，雖未入校讀書，依然能夠知書識字。及長，對女紅特別感到興趣，繡鳳描龍，裁縑縷錦，無不另

具巧思，益知其聰慧過人而更具藝術天性了。

時台城商賈，慕名訂購顧繡應市者甚多，鄰里婦女請教裁剪及縫製技巧者幾無日無之，先母不憚煩瑣，且亦諄諄不倦，其治事之篤，助人之誠，鄰里無不德之。

先母手藝的精湛，顯然是得自外曾祖父的感染與遺傳，蓋外曾祖父經營鞋業，所有鞋款及鞋楦均由他親自設計及縫製，出品之佳，可為同業矜式。因此，我想到我和我的胞弟樹培對於外科手術的敏捷周全，可能也受到先母及外曾祖父的感染與遺傳了。

先父以商務關係，往來港美之間，常涉重洋，在港曾與學松三伯合資經營華茶出口及金山莊等業務，莊名「瑞英昌」，設在西環，舊名「金魚塘」地區，我家也在附近，而我就是在那裏誕生的。

後來為了更求發展，先父與三伯將在港商號結束，聯同赴美，在三藩市開設煙行，兄弟合力同心，營謀已臻盛境，不料三伯飽暖思淫慾，涉足歡場，甚至與彼邦人士爭風，幾遭暗算，三伯幸得同鄉友好的暗通消息和協助，始得乘夜下船歸國，從此不敢再渡美洲，在美的商店，祇好交由先父獨自經營，不料兄弟鬩牆之禍，就由此引起了。

自從三伯回國後，先父經常有款匯回，即在他起程時亦

曾給他一千元，可是，慾壑難填，居心叵測。值先父回國，竟指先父短給利潤，更慫恿大伯學桓、二伯學棟協同對先父諸多為難，提出盡將先父在鄉的物業禾田，賠償三伯，彼等最初請鄉中父老調處，但多不值其所為，僅略讓步，彼等因大慾難償，乃回舊村纏禾田，串同以秀才身份而作鄉紳的李月垣擔任裁決，月垣為鄉中的貪婪劣紳，人所共知，在受賄協謀之下，竟主張把先父名下的物業田地大部沒收，或減為半數，並揚言：「如此處斷，學柏並無吃虧。」意謂先父尚有其他財富密藏，三人竟合力將先父雙手緊縛高懸，再用桿棒輪流拷打，私刑迫供，慘遭荼毒，祖母酈氏，因偏愛彼等，對其幼兒在求生不得求死不能的悲慘命運下，亦不勸阻，是以其他親友，都變成愛莫能助了。直至先父遍體鱗傷，幾頻於死，彼等始罷手離去。幸得鄰人激於義憤，見義勇為，乃將先父解下，並扛返家中，經月餘醫理，始告痊癒，雖曰命運注定，也是不幸中的大幸了。

讀前賢曹子建詩：「煮豆燃豆萁，豆在釜中泣；本是同根生，相煎何太急！」不禁唏噓感慨系之！而大伯、二伯及三伯等，對先父不祗相煎太急，竟以勒搾金錢而不惜傷天害理，欲置先父於死地，一念及此，痛心何極！

乃天眼昭昭，報應不爽，請讀下文，便知作惡的人，無

法逃避天譴了！余寫至此，望我後輩，以此為戒，切記切記！

我家自遭這次慘變後，僅存藉以為生的禾田三數小幅，生活之苦，概可想見，而三伯學松惡心未息，竟不許我家耕耘這些劫餘薄田，先母以其欺人太甚，悲憤至極，忍無可忍，乃親到三伯家備陳苦況，並予質詢，在激動之下，覓得廚菜刀，向額前自砍，藉了殘生，用作屍諫。

在爭持擾攘，號咷嚣叫中，聲達戶外，驚動鄰人麕集，咸加勸阻，但先母已受創傷，血流遍地。卒由鄰人扶回家中，在無可奈何中，忍痛度日。

事有湊巧，在數天後，三伯學松的幼子，突然死去，彼竟遷怒先母，謂驚嚇其子，以至夭亡。乃將其子的遺骸，納入鐵罐中，用蜆灰醃藏，謂要強迫先母食之，並聲言要殺我償命，真不料其忍心害理，違背倫常，一至於此。

先母聽到消息，祇好閉門不出，暫避其兇，乃學松人面獸心，竟持利斧，先將矮門劈碎，且劈且罵，狀如瘋狂，幸而大門堅厚，且關防甚密，雖受千鎚百斬，卒無法闖進。假如稍有疏虞，先母必難倖免於刀斧之戮了！

當時我和我的姊姊也在屋內，見情勢甚急，為之心膽俱裂，因為外既無援救之人，內又乏抗拒之力，坐以待斃的死亡威脅，恐慌實已達到極點。繼而聞學松在門外大聲叫罵，

並且揚言將該灰醃之孩屍從屋頂擲下，作為恐嚇。

自此以後，先父即逃匿鄉外廟宇，擬戴髮修行，作出家人，先母亦逃避他家。但三伯學松，仍欲殺我而甘心，當時我僅七歲，祇好隨遠親作叔阿白及學林四姆二人遠走石板潭外祖母家避難，留在家中的，僅我大姊翠月一人。大姊當時雖然僅十三歲，但已由吾母許配了劉家，當時社會風習，女子既許親，即為別家之人，所以，三伯雖兇，也不敢越權相犯。

三伯學松，平時愛穿白色長衫，我曾因為偶然從遠處看到一個穿白長衫的影子，便驚慌到仆地不起，蓋當時我身體既弱，又染慢性瘧疾，且腦海中，常存一個可怕的暗影，精神的萎靡、身心的悸震，我的童年，真可以說是苦難重重了。

我的童年生活，簡直是一部憂患餘生的痛史，孟子說：「天之將降大任於斯人也，必先苦其心志，勞其筋骨，餓其體膚。」也許這些苦難在我一生的奮鬥中增強了我無比的勇氣和力量！

此種不幸的倫常之變，持續將近一年，由於學松三姆的外家——也是石板潭村人——與外婆協商調解，始得暫告相安。直至祖母去世，糾紛才告終止。事後回思，祖母的偏愛偏憎，可能是助長了慘變的惡性發展。

先父幼年，飽經憂難，及長，對孝道無不敬謹奉行。某

次將返美，臨行前對先母說，家中豢養的雞羣，不可賣去，應留作供奉祖母。這事雖微不足道，但也可概見他的孝心了。

中國的傳統觀念，是「百善孝為先」，先父以「崇善堂」作為我家的堂名，實在具有深意。而「不念舊惡」，也是中國人的道德觀念，先父對諸兄長過去的侵凌與侮辱，從不介懷，泱泱大度，實可謂與江海同量。

先父年逾五十，我鑑於他幼年遭遇辛苦，同時我亦任職至衛生部長、司長等職，即勸其擺脫操籌算勝的煩擾，安享餘年，先父乃在台城開設華福西藥房一所，聚精會神，作為排遣歲月的地方。每逢墟日，常佇立門前等候大伯學桓經過，即恭請其到茶樓，清談共酌，並選購魚肉菜蔬滿載親送歸去。孝悌之道，躬行不渝，先父也可以說是深得基督教的精神了。

三伯學松，僅三十多歲便逝世，距離他對先父母的惡虐不過三數年而已，即其兒女的壽命，亦難有超過三十者，其長子錦泮，在美尋花問柳，致染惡疾，半身癱瘓，且禍延妻子，不久便病死。次子錦棠，在港繼續經營從先父手中奪去的瑞英昌金山莊，後因患蠱歸鄉死去，兩人年齡，均未及三十也。幼子早夭（前文已經說及），女三人，大的和次的均與華僑結婚，但兩者的夫婿，均在美早亡，俱無生育。其第三女，與夫婿窮耕於鄉，後患癲痴至死。學松不仁，禍延後代，

實堪歎惜！諺說：「善有善報，惡有惡報。」子女六人，結果如此，夫復何言！往事俱逝了，我也不想浪費筆墨，再描寫他們的醜惡了。

粵人重視「風水」之說，回憶我幼時，曾隨家人與地師視察祖墳，該風鑑家對我大感興趣，對我家人說：「此子相貌奇偉，將來必出人頭地，光宗耀祖，賴有此兒，惟將來雙目必患近視。」云云。

這不過是江湖客的口吻罷了！但回想過去數十年，我半生的學問、際遇和事業，似乎也說得上是十分偶合的。

早年，先父在鄉間私塾任教，我也隨父就讀。先父後得李君天樞的推薦，赴美國波士頓城任兆英祥商店司理，因為待人忠誠，任事負責，深得中西人士信任，業務便蒸蒸日上。

同事陳君昉南，阮君棟均為基督教信徒，以先父性本仁慈博愛，相與研討真理，故對教義信之益深。歸國後，我和我的母親及弟妹等，均先後信基督教。但當時鄉村風氣蔽塞，鄉親鄰里，對基督教並無好感。憶我童年時，已好打獵，曾舉鎗擊中一鳥，墜落鄰家屋頂，鄰人罵我為「耶穌仔」，不許登屋，恐招來不祥，頑固幼稚，固屬可笑，但也可見到當時一般人士對基督教徒的態度了。

我的性格好動，幸母慈而父嚴，故管教甚緊。在十二歲

的時候，父親由美來信，要我到美國去學習洋文，母親把原信去請教堂伯學彰先生，不料他並未詳細過目，便把信扔到地上，氣憤地說：「中文未懂，還讀甚麼英文呢！」於是，我把信拾回，先母失望回家，哭着對我說：「你今後更應該發奮讀書，免受他人鄙視呀！」

這番話，我一直深刻地留在我腦海中，印在我心版上，我今日之所以稍有成就，顯然是由於母親當年的訓誡和鼓勵所致。

現在，我的弟妹四人，樹芳、翠秀、樹培、樹滋，均獲大學畢業，寸草有心，春暉常念，大概可以稍慰母親在天之靈吧！

我的小學時代，除了兩次患瘧疾，一次意外受傷外，大都是不值得敘述的。

意外受傷，是由於玩弄火藥所造成的。我青年時期愛好槍械和愛好行獵，大概也是由於喜歡玩弄火藥所引起。

當時的火藥，祇是從爆竹取出來的，我把它塞進一個末端鑽了小孔的銅筆套裏，然後把筆套縛在樹丫上，用火將有小孔的一端燃點，轟然聲響，有如放槍，此種玩意，實在樂此不疲。

有一次，可能因塞進火藥過多，筆套竟被炸碎，銅片擦

傷了我的前額，創痕經過多年，才告平復。

十二歲時，我在鄉間小學畢業，即寄居廣州市外祖父家，轉入中學肄業。攻讀一年，即隨舅父赴美國波士頓城，途經加拿大滿地可城時，偶在街頭正欣賞着一間鐘表商店的櫥窗，突被頑童用石子擊中我的頭顱，本來，那時我國在滿洲統治之下，男子也一樣打着辮子的，同時，我也戴着草帽，但石子卻貫穿帽子，把我的頭皮劃破幾英吋那麼長，血流滿面，竟致暈倒，假如那石塊稍大，頭骨將告粉碎，而我也不會有撰寫此文的機會了。

當我醒來的時候，我已被送到醫院去了，傷口也經消毒和縫合。於是便繼續前往波士頓城。

遠渡重洋，得承父親歡笑，其喜可知，但父親以我辮髮滿染血漬，主張把它剪去，但當地華僑，人人蓄髮，而理髮師狃於習俗，也不敢替我動手，終於由我父親親自動手一剪，把我的三千煩惱絲解脫了。

不過，我對它依然餘情未了，曾把它珍藏在小箱子裏達數年之久。

頭部的創傷漸漸復元，當醫生替我解除縫線後，我用手撫摸我的傷痕，不特傷口毫無痛楚，而且平滑如昔，由此，我對西方醫術的神奇，發生了嚮往之心。也可以說是由這次

意外受傷，迅速痊可，而立下對西醫尋源探奧的決心。

在波士頓，日間專習英文，晚間仍隨先父補修國學，星期日則由波特夫人教讀聖經，波特夫人是一個中年的美國婦人，對該地華僑，協助甚多，曾資助一個華籍學生，畢業於哈佛大學，因此華僑對她深具好感。

她除於星期日教我聖經外，每逢週四，我還到她家補習英語會話，及學習車縫家政，在完畢的時候，波特夫人多數請我吃果餅。

這樣的日子，很快就過了四 ① 年，而在這四 ② 年中，我不祇從她那裏學到流利的英語，而且受到她崇高的基督品格影響與薰陶，這是我要對她特致敬意和感謝的。

這時我已十六歲，先父因退休回國，我也祇好隨行，返鄉後，承雙親之命，和寶珍女士結婚。

婚禮是依照中國傳統習俗舉行的，這種結合的最後決定，不是男女雙方，也不是人，而是兩根線香，説來也頗覺有趣。

辦法是由父母把我的名字和女子的名字，同寫在一張紅紙上面，然後將它放在祭祀祖先的香爐裏面，跟着燃點兩根線香插上去，如果該兩根線香的燃燒速度是相同而又緩慢的，就作為婚姻美好的象徵而把婚事決定下來，否則，就要另尋佳偶了。

「女子無才便是德」，這是中國男人昔日對女子的道德觀，因之，我的太太的教育程度和我十分懸殊，這在舊社會的中國人看來，並不是一種遺憾，反之，卻是一種明智的抉擇。

婚後一年，喜獲麟兒，惜當時鄉間不諳衛生，竟以未經消毒的菜刀作為割臍帶之用，小兒便不幸染上破傷風菌而告夭亡了。此為我獨一的兒子，舐犢情深，悲愴無已！但我身為基督教徒，萬事祇好遵從神的意旨而已。

數年後，寶珍繼為我生育兩女，長芙馨，次芙蓉，至今均學各有成，自立於社會了。

第二章

醫科學生時代

一、昔日的香港

　　香港原來的名字是「香江」。這個長約十一英里，闊約二至五英里面積的島嶼，是一八四二年依照南京條約由中國割讓給英國的。距離中國大陸僅一至二里之隔而已。

　　當一八四二年的時候，香港僅是一個荒島，山嵐瘴疫和每年夏秋間的颶風，島上幾乎無人敢於居留，僅灣岸處漁人作為暫時棲息的地方。

　　但海港深闊，可以停舶巨船，英國人早已知之，而英國又為善於涉海經商的民族，所以，英國得此孤島，無異在遠東得到一個遠洋貿易的基地。

　　當時，我國在滿清政府統治下，主張閉關自守，拒與外國通商，英國得到這個華南據點，雖然小如彈丸，但已達到對遠東擴展商業的目的了。

　　香港位置在珠江的東南，距廣東省治廣州約九十英里，形勢的重要，實在已掌握了中國南部出入口的門戶，英人既

得香港，除篳路襤褸，以開發山林外，首在島的北部建立海軍基地，作為政治上長治久安的起點，由安定引致繁榮，自然是社會經濟建設必循的路向了。

在一八六〇年，清政府又將九龍半島及昂船洲割讓給英國，至一八九八年，更把新界地區租借給英國，年期為九十九年。所以，今日的香港，實包括本島、九龍、新界租借地及其附近島嶼，而港九兩地的面積，共約為四百多方里。

我是在一九〇一年③，隨先父由美國再度來港的，當踏上碼頭的時候，已覺得和四年前④的香港大不相同，頗有士別三日刮目相看之感。其時港海已成為全球來往船艦的主要停舶場所，居民也增加到三十多萬人 —— 百分的九十五是華人 —— 在商業上，已成為歐、美、廣州、澳門、汕頭、上海等地的商品出入口總站。從中國沿岸各地城市來港貿易的人，每日已達二千餘人了。

當時市區情形，湫隘冷落，中環及灣仔地區的填海計劃，已遠在開埠數十年之後，現在中區的高樓大廈及百貨公司位置，在當時不過是簡陋的小型商店。娛樂場僅有戲院及電影院三兩間；公共交通，僅有現在依然存在的山頂纜車，惟纜車的前排座位屬於港督及港府英籍官員專用。三年之後⑤，才有電車在中區行駛，再過一年，由九龍尖沙咀到華界深圳

的火車路軌才告鋪成；過海小輪，已由天星和油麻地兩輪船公司承辦。至於私用汽車，幾乎是絕無僅有了。

市區的一般交通工具，是人力車和肩輿（即轎子），富有的人，多屬自置，並經常僱用二至四名車伕或轎伕。現在人力車，在港九碼頭，已成為一種都市的鄉土風點綴，而轎子已在一九六二年結束它的命運而成為歷史陳蹟了。

在生活及社交活動上，中英人士，因言語、風俗、習慣不同，接觸極少，英籍人士，以衛生及治安關係，多在半山建屋居住，且禁止華人在那些地區建屋甚至租住，此種歧視怪例，直至第二次世界大戰後，才告消失。

當時華人絕少穿着西服，大都拖長辮，衣華服，較為富裕人家，喜着絲質長袍，戴黑緞紅纓帽，褲筒用黑帶束紮，以白布製成襪子，黑面布底鞋，雍容閒適，頗見洸洸風度。女子大都纏足，步履艱難，富家婦女外出，多坐轎子，否則，由婢女背負而行，中國男性社會自私殘酷的遺留，直至中華民國成立後，才漸漸打破。

我返回香港後，即入拔萃男書院肄業，專修英文兩年，準備取得大學預科資格，然後轉考香港華人西醫書院。此時我的家人已遷返鄉間居住，留港的祇我一人，我和同學三人，在香港西區高街租得樓宇一層同居。住在我們樓上的，為一英籍衛生幫辦，此人性極暴躁，我等稍有喧嘩，他便用木棒

重力向樓面鎚擊，作為警告，因之，我們日夜提心吊膽。同時，我們知道當時的衛生幫辦，具有絕大權威，蓋一八九四年發生的大疫症，尚在蔓延，而衛生人員，擁有隨時進入民居住所檢查及將居民分隔的特權，所以，我們更畏之如虎。

我寓所的對門，也是一位英籍人士居住，他是一間商行的老闆，每逢週末及假期，例必偕同男僕及獵犬到郊外行獵，所有行獵工具及糧食均由男僕挑擔隨行。因我性喜狩獵，所以對他非常羨慕，且有「堯亦人也，舜亦人也，我亦人也」之感，對我的狩獵興趣，大大提高。果也，多年之後，我終於獲得機會到非洲及印度等地狩獵旅行，而獵得全球最巨最兇的猛獸，夙願已償，也是「有志者事竟成」的一個小例證吧。

和我同居的三個同學中，一個和我同鄉同姓的同學，性喜誇張，自稱文武全才，更聲言文比我優，武比我強，不幸一年後，他竟患上精神分裂症。他本屬富家子，但其父卻是一個人所共知的守財奴。當時我承他的重托，將那同學護送回鄉休養。在輪渡途中，我因一時看守不及，他竟闖出船旁，意欲投身碧海，在這千鈞一髮的時候，我及時追上，把他緊抱回船，但已幾乎被他牽下海去了。

我們回鄉後，不久，這個同學亦告痊可。也許是「大難不死」吧，後來這位同學在經營皮革進口生意，大有所獲，直至

數年前才去世，據說遺產甚豐。

但我覺得此人不是不念友情，就是天性涼薄，因為我對他雖然算不上「救命恩人」，但總算盡了朋友之道，除在鄉間他的母親曾對我略表謝意外，他本人痊癒後，畢生並未對我誌謝一詞，而他的家人及其子女，雖鄰居甚近，亦從未過訪，不祇毫無交情，簡直如不相識。在我朋友中，他大概可以算是唯一的「怪人」吧！

二、醫科學生世界

現在，且說香港華人西醫書院。

香港華人西醫書院的發起人是何啟爵士，地址在中環荷李活道與鴨蛋街交界處，也就是雅麗氏醫院的院址，雅麗氏醫院，為何啟爵士獨資興建創辦，用以紀念他早年逝世的英籍太太雅麗氏。這間醫院和香港華人西醫書院，先後在一八八七年成立，這一年，剛好是我出生的一年。

香港華人西醫書院的創辦，除何啟爵士獨力經營外，同時更獲得香港政府協助，及萬信醫師（Dr. Patrick Manson）、根德里醫師（Dr. James Cantlie）的支持。（這兩位醫師，先後獲得英女皇晉封爵士。）萬信爵士同時也是該學堂的首任校長，後來被人譽稱為「熱帶病專科始祖」。任職兩年，便自行告退，由根德里爵士繼任。

當我入學的時候，校長是湯臣醫師（Dr. J.C. Thomson），教務主任是捷臣醫師（Dr. R.M. Gibson）。其他講師都是從駐

港英陸軍及海軍軍醫部和本港外籍醫師充任。

根德理爵士對校務非常認真，對學生愛護備至，所以深得學生的愛戴。中國國父孫中山先生當時也在該校就讀，其後中山先生在倫敦被清政府駐英大使館人員擄禁，援救中山先生逃脫的，就是根德理爵士。

關於校長何啟爵士的生平，在這裏我特為介紹。

何爵士幼年即隨其父在英倫讀書，因其父為倫敦傳教士會教士，他畢業於蘇格蘭鴨巴甸醫科大學⑥，後再轉習法律，畢業後即在倫敦執業律師。

何啟爵士中年時代，和我十分友好，個性居仁由義，眼光高瞻遠矚，曾表示以介紹西方醫學於國人，增強民族健康為己任，故對醫學，悉心研鑽，成就極高。

何啟爵士在香港，深得中外人士的信任與尊崇，曾連任數屆香港立法局及行政局議員，替國人建樹不少偉蹟，惜天不假年，於一九一四年逝世。同學摯友何君少白⑦，曾撰先生行狀，對先生崇高的人格，和偉大的抱負，備致讚揚。何啟爵士一生廉潔自持，品格清高，至足為我們矜式。

何啟爵士雖然自幼即受西方教育，習於西方環境，但生活、個性，無一不是中國化，對國家觀念極深，對同胞更疾苦在抱，故中山先生在復興中華的革命行動中，他曾盡了出

錢出力的匡助。

香港華人西醫書院的創辦，可以說是亞洲醫學的曙光，作育醫事人材，樹立醫學基礎，均以香港華人西醫書院為開端，同時，對於流行在民間的一切不科學化的醫術及醫藥，也因為有了新的科學的代替而逐漸減少其對人類的貽誤了！

香港華人西醫書院經過二十五年的奮鬥和服務後，已獲有輝煌的成就，直至一九一二年，歸併香港大學而成為該大學的醫學院。至於原來的雅麗氏醫院，也因樓宇過於陳舊，無法再予使用，迫得變賣，全部拆卸，另作用途。所可惜的，已被社會人士認作萬家生佛象徵的雅麗氏醫院，從此湮沒了它的歷史痕跡了。

當我在香港華人西醫書院肄業的時候，王君寵益是我親密同學之一。王君較我早半年入學，而和我同房住在那打素醫院宿舍，朝夕相對，切磋琢磨，每晨必相偕步行兩里同到書院上課。王君是虔誠的基督教，性情和靄，聰敏過人，我得此良友，獲益至多，當時大有「得一知己，可以無憾」之慨。

我在習醫時代，可以說是我有生以來最愉快的生活，那個時候，我的太太已回鄉間奉侍雙親，我以無憂無慮、無牽無掛的心情，專心研習，上有良師，下有益友，學業之成，自非倖致了。

在同學中，也有頗多值得一敘的人物，就記憶所及，略記一二，也可見得我在學生生活中，正如靜觀萬花筒，光怪陸離，不愁寂寞了。

性情怪癖的是林元熙君。當時中國人大都蓄髮唐服，而林君卻把他的長辮剪去，身穿西服，手持木杖，左右揮動，高視闊步，旁若無人，高傲之態，咄咄迫人，其滑稽處，有如小丑，同學間，多把他作成談笑資料，可稱怪傑了。

最頑皮的是一個姓黎的同學。他是寄宿生，彼乃廣州名攝影師之子，生性聰穎，身軀健碩，惟最好活動，尤喜歡擲石子，在校中被譽為「擲石冠軍」，一次在宿舍附近曠地擲石時，竟因用力過度致折斷手骨，但頑皮仍然如故。

最諧趣不羈的是侯同學，渾名「滋味侯」，以「滋味」作口頭禪，常常作出「滋味」的舉動。每日下課返那打素醫院宿舍時，路上女學生甚多，有姊妹花兩人，姿態儀容甚美，因羞於露面，常張陽傘低罩，以避路人的注視，但侯君頗工心計，當遇彼美時，突然趨前，蹲地作綁紮鞋狀，但藉機舉頭向兩美窺視，女雖無奈，但「滋味侯」已得意洋洋，大叫「好滋味」了。

有「書蟲」之稱的是張偉傑，渾號 "'Wicked'Cheung"，是新加坡華僑，既勤學又強於記憶力，對於課本，背誦如流。性格怪癖，例不到校廁大小解，而在彼的房間，自置鐵桶一

個作為便溺之用，因之一室異味，如入鮑魚之肆，有同學說，張君這種怪行，目的在拒絕同學到訪閒談，荒廢溫習時間，若然，則張君的用心亦太苦了。

最好爭辯而動輒打人的是陳顯輝君，陳君在宿舍溫習時例必右手倒執雞毛掃帚，喃喃朗誦，倘同學偶一騷擾，即揮掃帚向人打去，所以同學無不敬而遠之。但彼雖暴戾，可是成績卻極優，每當考試，多名列前茅，後來我在廣州任廣東公醫大學醫學院校長時，陳君亦以優異的醫學而任光華醫學院校長。

最受我欽佩的是譚馬士同學，譚君是成績最優異的學生，畢業後更是一個最標準的醫師，對外科手術，兼有最嫻熟敏捷的技巧，為人謙厚，不慕豪奢，博覽群書，尤喜歡收藏名著，家中設圖書室，日對萬卷，以讀書為樂。香港華人西醫書院自併入香港大學後，未畢業的學生，全部轉入港大，繼續修業，畢業後補讀兩年，即可獲得外科銜，第一屆考試而獲得該榮銜的僅譚君一人耳。在一九二○年，譚君在英更獲得醫學博士銜，後返港任香港政府醫務總監職，在本港來說，獲得醫學博士銜而任醫務總監的，譚君是第一人。（按：一九六一年香港大學舉行金禧紀念大典，譚君和我共六人同時獲得榮譽法學博士銜。）

現在，再把我學生時代在學校裏耳聞目見的怪異事情說

說吧。

因為我們的學校，同時就是醫院，因此，我們在學期間，接觸病人的機會特別多，而笑話往往就由此發生了。一天，一個患着嚴重絞窄性疝氣症的病人，入院求治，我們的一個菲律賓籍同學，自作聰明，馬上跑到手術室去，把一具疝氣帶拿出來。這是一個重要的錯誤，因為絞窄性疝氣症和普通疝氣症不同，如果貿然使用疝氣帶，是可以把患者立致死命的。因此，當時我們祇好把他攔阻，大家弄到啼笑皆非。

更有一宗奇怪的事情，這是雅麗氏醫院的軼事。一個死者家屬到院稱：當他為先人開棺檢拾骨殖時，竟發現多了一條腿骨，而該死者係多年前經該院醫療，不治死去的，所以，這個死者親屬，就來大興問罪之師了。

後經院方詳細調查，始知係手術室老職工阿燦的傑作。原來，當死者在院入殮的時候，醫生適對一病人施行割腿手術，這條割下來的腿，照例是由阿燦處理的，但阿燦懶於覓地掩埋，卻順手把割下的腿一併放入棺內。真想不到事隔多年，卻發生了這宗一屍三腿的怪事呀！

現在，不妨說說我自己的笑話吧！有一次，駐院醫師杜閣臣，正和一個女子施手術，因為她的耳朵，被所戴的過重耳環，拖墜而致破裂，故施手術時鮮血淋漓。杜醫師命我手

執小盤，迎到她的耳下承接涔涔滴下的血水。

　　這是我踏入外科手術五十年來首次接觸到的外科手術的邊沿，可是，我卻差不多暈去了。因為我雖然是醫科學生，尚未至臨床實習，一旦看到血如泉湧，自然感受不了。結果，祇好將小盤放下，臥在急症室的沙發上休息，杜醫生看到，祇好一笑置之。

　　因此，我想到，如果要做一個外科手術專家，必須目光敏銳如鷹隼，雙手謹慎如閨秀，膽量宏壯如雄獅，缺一是不可的。

　　在學數年，每逢暑假寒假，我例回鄉小住，一在省親，二在休息，在鄉生活，自然和在學校截然不同，但也有數事，值得在這裏一提。

　　我喜歡打獵，所以暑假在鄉，常常攜帶鳥槍出遊。當時我已知道鳥槍所用的火藥，不過是硝石、琉璜和烏炭混合做成，但我因為想把那些火藥爆炸力加強，經多次研究試驗，認為如果改用氯酸鉀代替硝石，效力必然大大增強，於是，便在鄉間實現我這種火藥新配方。

　　當我把火藥塞進舊式鳥槍槍管，同時用鐵棒把火藥壓下的一霎間，不料因撞擊磨擦關係，突然爆炸起來，鐵棒受火藥衝力，射向天花板，而且傷及我的前額，假如鐵棒射程直

衝我的面部，那就不堪設想了。

因為我是醫科學生，雖未畢業，但鄉中醫生缺乏，戚友間有來舍求醫。在一個寒假期間，我嘗和同鄉摯友李自重君乘船出診，李君乃廣東公醫醫學院學生，志同道合，親如手足，以天氣嚴寒，兩人同蓋一張棉被，蜷縮艙中，仍覺寒風砭骨，及今思之，尚覺趣味盎然。

在一次暑期中，李君自重家人，約我替他施割包皮，因缺乏麻醉劑，衹用嗎啡針止痛，當動手術的時候，彼大聲叫痛不止，其母聞聲不忍，着我另日再行施割。即此小症，已無藥物可用，當時鄉間藥物的缺乏情形，概可想見了。

某年夏季，外祖母鄉間痢疾流行，我攜備大量藥物，和李自重君騎馬趕往救治，該村面積頗大，居民眾多，患痢疾者竟達七十餘人，我和自重兄，一一為他們治療，所有針藥，旋告用盡，復到距離該村數里的小藥房配購，始能應付。

這次出診，雖然忙個不了，但對我們臨床實習，實在得到不少實際經驗。回程時，藥箱裏已一無所有，但荷囊裏，卻滿載而歸了。

以上種種，雖屬瑣屑，但今及思之，過去情景，彷彿猶在目前，童年生活，是多麼令人憧憬和追念呀！

三、愛丁堡大學

　　我在香港華人西醫書院奮讀五年，在一九〇八年，以優良成績畢業，並獲得內外科學士銜。自問無負於雙親的培育和師長的教誨了。

　　一出校門，希加牧師即介紹我到公理學校擔任英文教員。摯友陳元英君，極力主張我繼續研究醫學，以濟世人。於是，我便想起同學王君寵益來，王君早我半年畢業，已赴愛丁堡大學繼續求學了，這自然是前途無限的，於是我便決意追隨王君赴愛丁堡深造。

　　但當時我的家境並非大佳，雙親雖然嘉獎我的志願，可是盤纏、學費，在在需錢，徬徨無已。幸得陳元英君願出其半生積蓄，助我成行，並負責我的留學費用。陳君僅受職於一間建築公司為小職員，但為人慷慨，且對我在港的優異成績，另眼相看，仗義高風，使我感激涕零，而我對醫學之所以能夠竟其全功，全賴陳君之力。此恩此德，實使我畢生難

忘，可惜天不假年，陳君於一九六二年，以多病之身，棄世於養和醫院，實在是一件非常可惜而令我沉痛的事。

我趁船赴英，抵愛丁堡後，即會同學王寵益君，異地重逢，倍增情誼，不久，我已轉入愛丁堡大學醫學系，不特和王君同系，而且和他同住一旅舍。旅舍主人，是一個慈祥女人，名叫力志夫人，對我們愛護備至，有如慈母，我在愛丁堡兩年，中間雖然遷居多次，但始終以力志夫人的旅舍，作為我們的「家庭」，人間溫暖，實在太可珍惜了。

愛丁堡大學沒有學生宿舍，學生多在華倫特公園路和馬芝敏路一帶居住，因為這個地方，和校址僅隔寬約一哩的草坪，環境清靜，風景極佳，令人嚮往，所以，我後來每過愛丁堡時，必到昔日的居停地帶，流連片刻，可惜物是人非，徒覺往事依稀吧了。

愛丁堡大學醫學系，向有水準最高之稱，當時我國留英習醫的學生，大都願到該校就讀。所有教授，都是享譽國際的名醫學者，故學生的造詣也深，畢業後，在英國及其屬地任教授的甚多，馳名的加拿大麥基爾大學（McGill University），便是由兩個愛丁堡醫學系畢業生創辦的。

醫學系主任李杜尊教授（Prof. Harvey Littlejohn），曾對我說：「中國學生，是成績最優良的學生」，這可能是和其他

殖民地的學生比較來説，例如黑人同學摩西，就是一個不守時、不向學，每試必列名榜末的學生了。

醫學系第一名被派作解剖學示範員的，就是中國學生 C 君，C 君天聰過人，雖然他喜歡喝酒，又喜歡跳舞，可是他對功課，絕不拋荒，而且成績斐然，這難怪醫學系主任對中國學生大加讚賞了。

我在註冊入學時，才知道學校當局對香港醫科畢業學生，是認為未夠水準的。幸而獲准補讀，經兩年時間的苦心研鑽，由植物學以至外科手術等學科，經考試及格後，才得和王寵益君在一九一○年同屆畢業，獲得內外科醫學學士銜。

在舉行畢業典禮時，校長訓詞中，曾説及學生能夠以最短時間而獲得此銜的，在愛丁堡大學歷史中，我是第一人。這份榮耀，真使我有點受寵若驚了。

我在學期間，曾受到清政府贈予免費學位，所以，我有餘力能夠繼續修讀一年，兼獲熱帶病學和衛生學銜，也是和王寵益君同時畢業的。

我在一九一一年返國了。而王寵益君卻百尺竿頭，更進一步，轉入劍橋大學，再修公共衛生學及再度專修病理學，以達成其一生的最高目標。

王君返港後，為第一位中國人受任於香港大學醫學院病

理學系教授。並着有病理學課本，附有最精細明晰的圖解，成為當日英國醫學學生必讀課本之一。王君學不厭、誨不倦的精神，不衹為香港華人西醫書院畢業生中的表表者，也可以說是醫學界不可多得的人才，但以中年健康不佳，不幸又被可怕的肺癆菌侵擾，當病菌侵入聲帶部分時，我曾使用當時認為最有效的紫外光線治療法，悉心為彼醫治，可惜病已深沉，回天乏術，遂於一九三〇年與世長辭，時年不過四十二而已。遺下蘇格蘭籍妻室及公子二人，均為留英醫科學士，後繼有人，王君或可無憾吧！

回想我和王君，既同學，又摯友，情同手足，愛如骨肉，哲人早萎，徒喚奈何！往事追憶，不禁憫然！

第三章

辛亥革命

一、我和同盟會

「同盟會」是清代末葉漢人反抗清政府的秘密革命組織機構。領袖就是當時奔走海外，鼓吹革命最力的孫中山先生。

同盟會的革命大經，提出四項大綱，即「驅除韃虜」、「恢復中華」，「建立民國」、「平均地權」。

清政府對於同盟會的革命黨員，追緝至力，苟被拘捕，難逃一死，甚至有株連九族之虞。但我漢族青年，尤其海外華僑，久在專制政體腐敗政治統治之下，人心思漢，稍有新思想者，無不參加，入黨時，規定須向天地宣誓，為黨盡忠。入會儀式，由區代表主持。黨員傳遞消息，均用暗號，握手方式，亦與一般不同，這是為了保密的原故。

我是在一九〇五年加入同盟會的，也就是同盟會由興中會改組成立的一年。那時我是在愛丁堡大學醫學系畢業後，獲得清政府獎學金繼續深造一年的時候 ⑧。入會後，同志對我深表歡迎，且期望至殷，因我是清政府培育的學生，畢業

後，例可返國在醫務機構獲一要職，亦即等於多一個革命黨員滲入敵陣工作，對於革命大計，自有絕大幫助，但在我個人言，似已增加不少危險性了。

我加入同盟會的目的，正與當時的一般有志青年相同。顧炎武曰：「天下興亡，匹夫有責」，當時清政府的腐敗，已達極點，對內專權，對外屈辱，雖有獨立國之名，但在列強條約束縛之下，所謂自治，實已名存實亡。

清廷的日趨崩潰，實由慈禧太后的頑固政策與其迷信思想所導致。因一八六一年咸豐帝死，光緒登位後，慈禧太后所設垂簾聽政⑨，實則幕後緊握大權，光緒在權臣操縱之下，因擬暗殺慈禧之親信榮祿不遂，更被慈禧囚於瀛台，折磨至死。

慈禧死於一九〇八年，由年方三歲的溥儀繼位，孺子無知，奸權誤國，此時的清廷，實在已面臨絕境了。

我之加入革命行列，乃由於友好李自重君的介紹，那時我還是在愛丁堡大學攻讀二年級，適以暑假返鄉，巧遇李君於台城的中華基督教公理堂。當時我和他都是二十歲的青年，彼留日而我留美，既有同宗之誼，且嗜好相同 —— 均愛行獵及玩槍 ——，可稱志同道合，所以一見如故，便成莫逆。

後知李君及其家人，均為反清運動的中堅人物，更使我

欽佩的，李君留學日本，乃自費而選擇陸軍士官學校，彼之接受軍訓，完全係來參加實際革命行動的準備，以推翻清廷，解救同胞為己任，這種偉大的志願和積極的決心，實為促成我加入同盟會的最大影響力。

入會儀式，係在香港荷里活道《中國日報》報社閣樓舉行，由同盟會香港區代表陳少白先生主持。一經宣誓，便成為在組織的革命黨員，出錢出力，各盡所能，互相合作，並徹底履行組織交付的任務。

同志李海雲君，是我的遠戚，當時彼任職一商行司庫，以救國情殷，竟自行暗將商行存款悉數捐出，作為革命費用，牽連商行倒閉，雖不足為法，但也見得當時青年的忠心為國，熱血填胸了。

同志鄧蔭南君，為檀香山華僑富商，年已六十，同志中均尊稱為「三伯」。彼曾將一生積蓄數達五萬美元鉅款，捐輸為國，曾不稍惜，最為同人等敬重。

曾資助我赴英深造的摯友陳元英君，獲知我既獲得清廷的免費學位，又加入同盟會為會員，對革命前途，希望更大，因之也毅然參加同盟會。

後陳君繼我畢業於愛丁堡大學醫學院，李自重君在革命成功後，也在廣東公醫醫學院畢業，其父李煜堂先生後為廣

東財政廳廳長，其子不過當一小職員而已，革命前輩的忠貞為國，深受中山先生「天下為公」的感召，在此也可見到。

陳元英君，後任廣東貧瘠區的連平縣縣長，以學識品格高優，為鄧蔭南三伯器重，以其女妻之。

總之，當日參加同盟會的人，均係熱誠謙厚，為救國家，為救民族的先鋒分子，絕非為高官厚祿而革命，在本人所熟知的同志，均無不如是也。

我入會兩載後，一日李自重君告訴我，孫中山先生將乘船經港，惟因先生乃鼓吹革命，實行推翻清政府最力的行動者，清廷視為「四大寇」之首領，故請求英政府禁止其居留香港，所以中山先生祇好乘法國郵船過港，停留在港海船上。

我和李自重君乃上船謁晤先生，因先生在搭客名單上，係改用日本人名字，所以我和李君經多方探訪，才獲與先生一談。我還記得，當時中山先生係穿白底藍花和服，有如東洋乘客。我們在先生的房艙會面時，經過同盟會會員秘密方式握手後，先生乃和我們詳論革命大計，指出同胞受清政府的壓迫，已到無可復忍的田地，且政治腐敗，又達極點，把堂堂華夏，陷入多次戰爭及恥辱中。鼓勵我們堅決執行革命任務。先生更指出彼指揮下的革命起義，雖曾遭遇八次失敗，但仍堅決繼續進行，先生深信革命成功，已為時不遠，勉勵

我們加倍努力，俾竟全功，先生一生致力革命，領導羣倫，堅忍卓絕，百折不撓，成功自非倖致的了。

中山先生革命首次失敗係在廣州，而最後一次失敗也在廣州。首次失敗為一八九五年，因運械不密，為廣州海關檢獲，功敗垂成，末次失敗為一九一一年，三月二十九日攻總督府，黨員死難凡七十二人的黃花崗之役。此次黨員犧牲雖然慘重，但已引起全國革命同志起義的高潮，喚醒全國同胞對革命前途的信心，所以在數月間，高舉義旗凡十五省，而辛亥八月十九日（陽曆為十月十日）武昌起義，全國響應，將統治二百六十八年的清政府推翻，而成立五族共和的民國。

孫中山先生以熱誠與決心，領導革命，愈挫愈勇，此種精神，無論在醫學上、政治上，都可使我們景仰而作為楷模的。

二、東三省的大疫症

一九一一年，我在愛丁堡大學，考獲熱帶病學與衛生學銜後，因為身為「官學生」，奉清政府命令，到東三省南部向總督趙爾豐報到。我乘搭火車經哈爾濱抵埠後，由鹽務督辦熊希齡約定時間，謁見總督。

在次日凌晨，天尚未明，我由熊督辦陪同前往總督衙門。當時高級文武官員數十人，已經先到候見。但意料不及的，我這個初出茅廬的「官學生」，竟被列為接見的第一人。

趙總督已是一個七十高齡的老人了，品德優秀，學識豐富，為人謙厚，待我有如子弟，但我頗感張惶，一則面對高官，誠惶誠恐，二則身為革命黨員，面對着的正是我的敵對人物呀！

當時東北疫症流行，情勢嚴重危殆，死亡已達數萬人之多。趙總督向我說明此種惡劣局勢之後，立即委我為南滿防疫總醫官，並准我南下省親後始就任此事，倚畀之重，可謂情理兼顧。

我辭出時，總督親送我至門前，並將眼鏡除下，以示敬意，

然後鞠躬送行，此種謙恭誠懇態度，出自一個遲齡高官的長者，令我大感意外，除敬謹回禮外，真使我有點受寵若驚之感。

北滿防疫主任為摯友伍連德博士，伍博士在這次大疫症流行中，得到不少體驗，對細菌的來源，更有精湛的研究，後來成為馳名世界的防疫專家。

伍君生長於馬來亞的檳榔嶼，其父為一金銀匠，台山縣人，少年即僑居馬來亞。所以連德君幼年亦在檳城受教育，十七歲便在公立學校畢業，獲英女皇免費學位，深愛醫學，便到英國入劍橋大學醫學院，一九〇三年獲內科學士銜，再習兩年，獲醫學博士銜，後返馬來亞，在吉隆坡政府醫學研究所任職兩年，乃辭職轉往怡保城開業。

在一九〇七年，應清政府聘請，赴天津任大清陸軍軍醫學校副主任。一九一〇年，蔓延滿洲全境的有史以來最驚人的流行性肺炎疫症發生，伍博士即被委為北滿防疫處主任。

東北嚴寒，積雪常達七尺，冰結如鐵，膚指幾裂，博士在這冰天雪地的環境下開始他的艱巨工作。彼常親督員工檢拾屍體，以死亡太多，乃實行集體火葬，以杜絕傳染。工作時，博士必嚴令工作人員戴上紗布製成的面罩，但有少數西籍醫師，認為無補於事，拒不遵從，卒為疫菌傳染而致死亡，一般人遂相信面罩的功效。為了推廣這種面罩防疫運動，博

士更派出小組多人，教導民眾仿製，俾得普遍使用，從此，傳染的機會漸少，加上醫藥的治療與撲滅，幾個月之後，這一場扼殺六萬多人的大疫症，已成過去了。

疫症消滅後，伍博士以此次肺炎疫症，在中國是史無前例的症候，經多次苦心研究後，卒發現此種細菌的始源。這種偉大功績，在醫學上已震動全球。博士返京後，清帝溥儀特封博士為大清陸軍榮譽少校，繼着獲得我國、法國、日本、蘇俄及香港大學等的榮譽銜，伍博士被稱為我國醫學界第一流人物，實非過譽。

伍博士還有一項偉大的壯舉，就是在一九一一年個人組織國際防疫大會，自兼該會主席，可是，博士在會中，卻是一個最年青的醫師。

伍博士在華北服務，直至一九三七年，那時中日戰事爆發，當日軍攻佔上海的時候，博士的妻子及兒女等四人在侵略的無情炮火之下不幸慘痛犧牲[10]，博士一生積蓄，也隨之煙消雲散，實在是一個最慘痛的遭遇。一個曾在東北挽救無數生命的人，竟無法自保其家屬，上蒼也未免太忍心了！

博士在家毀人亡之餘，濟世自立的勇氣，並未稍減，乃逕自返回檳城，重操舊業，再娶妻室，重建家庭[11]。

一九四二年，日軍繼續南侵，佔領馬來亞，博士在戰火中，此次幸告無恙，可能因為他是一個曾獲得東京大學榮譽

博士銜人物，殘酷的日本軍人，刀下留情吧！

博士為人謙厚，對社會曾作多次的巨大貢獻，我和他在業務上聯繫達四十餘年，公誼私交，相得無間。每次過港，例必寄居我家，抵掌深談，前情如昨。

使我留下印象最深的，是一九五九年四月間，在港相會那一次，也可以說是他訪我最後的一次，當時博士風采依舊，健康亦佳，在我家居停兩週，暢敘生平，並贈我有類自傳的著作《防疫者》（*Plague Fighter*）一書，內容係敘述他半生在防疫工作方面的努力，並詳及我在國內對醫學與教育的工作。博士返馬來亞後，便繼續他的著述工作，不料至翌年春間，便遽然以去世聞，然已享年八十有一了。博士以五十年的歲月，獻身於人類及醫學工作上，對學術及社會，貢獻至多且巨，在我國醫學界歷史中留下永垂不朽的功蹟，實在是人類的光榮，更是令我們景仰不已！

當我被任為南滿防疫總醫官職時，亦深慶能和伍君連德攜手合作為幸，惜以當時國內局勢急激轉變，革命工作已到生死關頭，我以同盟會會員身份，投身革命，已無暇顧及個人的職業了。

三、廣州光復

　　我在東三省南部辭別總督趙爾豐後，隨即南下，途過上海的時候，已知道革命黨人武昌起義成功。及抵香港，更知革命行動，有如野火燎原，遍及華南各省，民眾革命隊伍已迫近廣州，兩廣水師提督李準，面臨革命高潮，自知大勢已去，遂表示願向同盟會南方支部部長胡漢民先生投降。這個時候，革命領袖孫中山先生，仍在國外鼓吹革命運動，派胡氏在港主持南方黨政大計，胡先生當時為策萬全，防中詭計，經雙方同意，請由在港的韋玉先生作為保證人。韋先生當時係任港政府立法局及行政局議員，且為雙方信任人物。訂定雙方移交與接收政權日期後，胡先生乃準備赴廣州。其時粵省各路民軍，已集中廣州郊區，提督李準亦已退出水師行台，與其部屬移駐旗艦待命。

　　及期，李氏以胡氏必乘英商輪「佛山號」到穗，遂預早親往碼頭迎接，但抵達時，僅見三五名次要革命黨員從「佛山號」輪船上岸，而無接收大員胡漢民。原來胡先生為了安全，

臨時改搭法國輪船「播寶號」赴粵，船泊珠江白鵝潭海面。後獲知「佛山號」輪船上的同志安全抵達廣州，始上岸進城。

旋向兩廣總督張鳴岐提出最後通牒，限令宣告「反正」，但張鳴岐遲遲未作答覆。

次日，胡先生由粵電約我和香港同志數人赴穗接收職務，我即兼程前往，住大東門外省議會中，其時議會住有民兵多人，紛擾雜沓，我幾為一顆失火的子彈轟中，幸未遇險，但已飽吃一驚了。

我被派任總軍醫職務，係意料所及的事，因之，日夜忙於救護傷兵及受傷同志工作。

兩廣總督張鳴岐，見廣州已被民兵四面包圍，知大勢已去，卒乘夜潛逃。

胡漢民先生即以水師行台（即民國後的江防司令部）作為軍事指揮總部。當時水師總督曾數次到那裏和胡先生洽商移接省政事宜，李準每到，必有武裝衛弁隨從。彼雖身穿絲質長衫，但雙手經常持有德國製的○點二五口徑曲尺手鎗各一枝，作為自衛，雖曰作賊心虛，實在也太不成體統了。

李準的座駕旗艦懸掛起白旗表示投降後，數以萬計自稱民軍的武裝蜂湧入城，所謂民軍，大部來自近郊鄉村，其中多為當地土匪及無賴之輩，彼等目的乃在入城掠劫吧了。當

時清政府的警察均已棄職潛逃，全城陷入無政府狀態，凡滿人之被疑為奸細的悉遭鎗殺，掠奪劫殺，無時無地無之，混亂情形，致令居民惶惶不可終日。

胡先生雖被舉為大都督，但手下並無堅強有組織的實力，歸附革命政府的龍濟光轄下防軍，又因清政府已欠餉六月，自張鳴岐潛逃後，龍濟光竟以清發欠餉為要脅，將防軍移駐俯瞰全城的觀音山，架起巨砲，指向廣州市區，局面的險惡，大有牽一髮而動全身之勢。

新政府在倉卒中成立，府庫空虛，胡都督乃召開緊急會議，以應付危局，議決即日設立籌餉局，委楊西巖⑫先生為局長、李煜堂先生為財政司長，委員有林護、余斌臣、伍于簪等同志。此時我等奉命回港籌款，以維大局。

返港後，首向台山、新會縣籍的殷商進行借貸，以五厘利息償還，數日之間，已籌得港幣六十餘萬元。

當時集得之款，係紙幣與硬幣各半，分載二十六木箱，付「河南」輪船運省。李煜堂先生委任本人親自監運，蓋黨員深知我槍法如神，路上可免疏虞。

我等返穗後，乃將硬幣二十餘萬元，撥發龍濟光轄下防軍，緊張局勢，始稍告緩和，其餘三十餘萬元，均為一百元及五百元面額紙幣，李煜堂先生亦命令由我保管。

由於局勢尚未安謐，而且我已獲得歹徒將進行騎劫的情報，我乃決定暫時將款存入大清銀行。

大清銀行，設在西關之十三行（街名）。由水師行台運去，路程雖不遠，但沿途安全至為可慮。我乃將紙幣悉數裝入一舊皮箱內，僱街轎一乘，將皮箱密藏轎底。當時李煜堂先生，欲派武裝衛兵隨行，用作保護，但我大不為然，因這樣，徒然引起歹徒的注意吧了。

我坐在轎裏，將皮箱置於座位下雙腳之間，手持短槍，暗藏衣袋裏，心情十分緊張，但仍裝作悠閒鎮靜，以免受人注意，既抵大清銀行，我即攜皮箱下轎，急入銀行存放，取回存據後，真是如釋重負了。

水師行台二樓，為前李準提督的辦公室，當時已成為我的臥室。四週走廊，設計有如戰艦上的艦長室。是夜，我突為雜亂的腳步聲驚醒，在朦朧間，將燈掣扭開，瞥見暴徒多人持鎗從窗口向我指嚇，且聞有人高叫「勿動」之聲，我知彼輩係為圖劫公款而來，我乃隨手扭熄燈掣，急返身下床，潛至浴室下樓，越過十二尺高的圍牆，逃去暫避。

三十餘萬元巨款，幸而已在日間存入銀行，否則我和李煜堂先生固難辭其責，抑亦對財政維艱的新政府，影響實在深重了。

此事曾由李自重君，在一九六一年出版的《李氏宗親會會

刊》裏，敘述甚詳，並稱：「以當時情勢論，設非樹芬醫生捨身為國，智勇過人，該款必為暴徒劫去，因省垣形勢未穩，各部隊需的孔亟，如無款項支持，則廣州治安堪虞，商人生命財產難得保障，甚至廣東光復，亦蒙影響。煜堂公嘗語我輩曰：當日若非樹芬醫生以國為重，捨己為人，公款曷克保存？雖然暴亂橫來，非我力所能阻止，然我身為司長，何以對黨國，何以對百姓！此事爾等當銘記於心云云。」

該等暴徒，以圖劫未得手，乃盡將我的衣物及外科手術儀器搜劫一空。後查彼等乃屬石錦泉部隊。石部偵知新政府初期，無力將彼等屈服，故時常藉故生端，強求年餉，且欺壓良民，無惡不作。其時廣東各縣的縣政尚未健全，無法籌款以維持省政，所以革命初期以至民國初年，全省政費，全靠省港殷商同志的支持，所以石錦泉部隊得以橫行無忌。有一次，石因無饜之求，被胡都督見拒，竟敢招集所部，包圍副都督陳炯明官署。石部士兵，均無制服，祇穿藍色長袖內衣褲及草鞋。石錦泉則手執手榴彈一枚，向陳副都督要脅恐嚇。陳氏為人勇敢，毫不畏縮，且高聲説：「我乃革命黨員，從不怕死，如果你們敢膽無法無天，擲出可也！」石錦泉為威嚴所懼，聞聲失色，乃與其部下抱頭鼠竄而去。

後來這個無賴之徒，終被政府緝捕歸案正法，正是死有餘辜了。

四、購械專員

　　廣州光復後，胡都督委我為購械專員，專赴日本洽商購買軍械事宜，並請日政府宣佈承認革命政府為中國合法政府。同行的有石井兵工廠技士三人。

　　我明知此行任務，非常艱鉅，蓋當時革命政府尚未正式組成，和日政府進行國際交涉，困難自多。我抵達日本後，曾多次向日本軍政部部長洽商，但屢無結果。在失望之餘，我等四人乘火車離開東京轉赴長崎，乘船回國。閱報知國內革命進行順利，由於廣東光復影響，各省已紛紛響應獨立。我等在火車廂裏欣慶之餘，突接日政府拍來電報，邀我等立即返回東京，繼續磋商。結果，大出意料，日政府不但表示正式承認革命軍政府，且允諾無限制供給軍械。簽約售予中國的軍械，計以 Murata 牌步槍一桿，刺刀一柄及子彈一百發作為一個單位，每單位僅取價四美元，查日方訂價如此低廉，實已因日軍政部決將全國軍隊，重新配發新型武器所致。雙

方簽約後，因彈械數量龐大，乃僱專輪裝載運粵，航行時，並遠離中國海岸，以避免清政府海軍的緝截。

　　船抵廣東珠江口虎門砲台，該處係民軍楊文虎防地，經知會後，乃原船駛入省河。此批武器，能夠順利及時運到，對於穩固革命大業，裨補至多。一九一一年十二月革命軍北上光復南京，就是應用這批彈械了。

五、第一任衛生司司長

民國初年，我國尚未設置立法機構及議院，廣州為革命策源地，亦為指揮各省軍政的大本營。故議會成立，亦比各地為早。在第一次大會中，我被推為第一任衛生司司長，因清政府政制，從無衛生部門，更不知公共衛生為何物，當時我任司長，事屬草創，倍感吃力。第一步乃選任衛生檢查官二十四員，及在各市區設立衛生站，凡驗出有傳染症嫌疑，或不潔者，一律須接受消毒。至於該二十四名衛生檢查官，均係由我擬訂則例，悉心訓練出來，所以能收指臂之效。

原有的醫學院、醫院、醫師、產科護士等，亦需經過審查，然後始准註冊繼續執業。一間組織頗為龐大的兩廣紅十字醫院，及其醫科畢業生，發現其距離水準甚遠，徒負虛名，乃首先取消其註冊，並否定其學員的資格。

進一步工作，係檢查痳瘋病人，悉數安置在郊區醫院收容，不許在市區逗留或行乞。另設傳染病院，並執行入口輪

船的港口檢疫制度，當時幸得海關方面合作，所有入口各國輪船，須先停泊江中，聽候檢查，方准入口。外來輪船接受我國穿着制服的衛生官員登輪檢查，此實為中國有史以來的創舉。

其時華北華中疫症，已蔓延至華南，及香港、澳門等地，自廣州施行港口防疫檢查制度後，凡染傳染病的港澳搭客，均被送往南石頭（地名）傳染病院留醫，因國人向不習慣此種隔離治療措施，省港人士及社團羣起反對，即報紙亦着論猛烈抨擊，認為不合國情，違反習俗。此為我任衛生司司長以來，首次遭受到的挑戰。

當我和胡都督會談時，胡先生也微笑地把一疊反對此種措施的公文函件交我核閱，但我們也一笑置之，並未稍作讓步。

為了防止鼠疫蔓延，同時採取緊急措施，每日派出大隊工人，檢收遺棄街道上的死鼠，每區分別紀錄，作為日後參考，並發公佈，警告市民勿以手接觸及行近死鼠，因鼠死後，體溫低降，鼠蚤即竄離鼠體，如被螫及足部，腹股間的淋巴腺即發炎腫脹，這便被疫菌傳染了。

同時，在街道的電燈柱上，裝掛鼠箱一具，內盛消毒藥水（即俗稱的「臭水」），俾市民發現死鼠時，隨時可用鐵鉗

鉗取投入箱內，每箱均有記號。憑收集的死鼠，交由衛生部化驗，即可知鼠菌來源地區，方法十分簡單而且收效。

當時對於防疫常識宣傳，已分設衛生講座及分派宣傳小冊子等工作，可惜頑固的人，知識淺陋，卻從中阻撓。最怪異的事，就是一個姓馬的澳洲返國華僑了，也許是個性怪僻，愛出風頭，他竟自行印發傳單數千份，力言死鼠並無傳染危險，並指出他在澳洲時，曾遇鼠疫流行，但彼與朋友多人，手檢死鼠無數，並未受到傳染等語。此種缺乏常識之人，固狂妄可笑，但大大影響防疫工作進行，不無惡意破壞之嫌。我身為衛生行政長官，自有教導愚蒙及澄清謬論之責，乃召該人到署晤談，在會面後，我曾把疫症傳染的來源，及醫學書籍所載的醫例等等證據，詳細向他解釋，並勒其在各報刊出承認錯誤啟事，以正視聽。

事隔數日，彼仍未實行，我乃再召他面談，向其提出最後警告，謂如不遵辦，我將以妖言惑眾罪拘捕，並將以死鼠血液向彼注射，以證明鼠疫是否可以傳染他人，馬某立即大驚失色，答允即日登報承認錯誤。各報章亦刊出「衛生司司長已將馬先生屈服」新聞，也可算是一件趣事吧。

生死註冊工作，在我國也屬創舉，在施行時，出生註冊問題尚小，但死亡註冊，就遭遇到空前的阻力。因法例規定，

如無正式醫師簽署的死亡證，棺木店不得售賣棺木與喪家。此例公佈後，引起全市棺木店之反對，繼而罷市，停售棺木。

衛生司為獲得市民合作，曾一再公佈解釋死亡註冊之重要與原因，及純為市民安全設想，蓋死於非命或傳染病的屍體，既無註冊醫師的簽署，又未經衛生檢查官核准，政府自可移送殮房剖驗，以斷定其死因。公佈雖然如此詳盡，但棺木店與無知愚昧之輩依然極力反對如故，衛生司執行法例與棺木店的罷市，形成對抗僵局，結果，政府遂從佛山鎮購運棺木數百副回市，按照原價出售，罷市的棺木店，在這種情形下，祗好恢復營業了。

棺木店罷市風潮才告平息，而清糞工人怠工之事又接踵而來。當時廣州水廁設備極少，家家糞便，均由清糞夫按日挑運城外，為避免日中臭氣熏騰，新例規定必須在每日上午八時前挑運完畢，但未獲伕力及夜香工會的合作，當時為執行命令，曾將逾時挑糞過市的工人，拘送警署監禁，因此，引起他們的怠工對抗。市民乃紛紛向衛生司訴苦。但以伕力星散，避不露面，又成僵局。後悉彼等的長老，仍居原來住所，我獲得警方的協助，立將彼等拘禁，我國素有敬老尊長傳統，一經勒諭，風潮又告解決了。

男子蓄辮，實為清政府最後的遺留，新政府早經宣佈廢

此陋習，但市民由於「身體髮膚，受之父母，不敢毀傷」的誤解，蓄辮如故。我獲得都督的同意，乃派出官員多人，分隊守候各城門，凡遇蓄辮男子經過，即將之剪去。實行數日，我到各處視察，看到每處被剪下的辮髮，堆積如山，蔚為奇觀。自經此次強制執行剪辮後，外人對我國人「豚尾」之誚，已成歷史名詞了。

我國數千年來，向無公共衛生設備，廣州一地，當時亦僅有地下裝設食水管一項。故衛生司的工作及建設，可以說是百廢待舉，千頭萬緒，因之工作浩繁，經費龐大，加以民智未開，事事引起反感，省庫主管，不無微詞，幸而新政府領導人物，深知建設新中國，必從民族健康開始，而用新人，行新政，又為革命同志的主張，所以衛生司署的各種設施，能夠略具規模，全仗各同志所悉力支持所致。

至一九一二年，內亂仍頻，軍閥龍濟光盤踞粵垣，形同割據。凡百施政，已為內亂所摧毀，牽入此種混亂政治漩渦，了無意義，抑且反清復國之大業，既已完成，我實無再事留戀的必要，遂辭職回港。

這是我就任衛生司司長以來的工作簡略紀述，同時，自我辭職以後，衛生司署，也可說是面臨結束的開始了。

第四章

革命後的生活

一、再返廣州

　　我辭去衛生司司長職務後，即離開廣州返回香港。接着就任港星輪船的船上醫師，但非素志。行程僅一次，我就在港懸牌行醫了。開業的第一個月，診金所得，已達二百十二港元，在當時幣值而論，這個數目，已經大有可觀了。

　　業務隨着時間進展，生活已告解決，但家室之樂，仍欠理想。回想我自結婚之後，因學業及獻身革命，與內子會少離多，兩人情感，不無冷淡，加以彼此個性及興趣，各不相牟，因此，內子自願和我離異。並得雙親同意，遂辦理離婚手續，並付出贍養費及股票等，作為彼下半生的生活費用。所出長次兩女，由我教養。不調協的家庭問題，總算解決了。

　　數年後，邂逅陳珍女士，陳為有學識的名媛，遂結婚好，惜陳女士體弱多病，僅育一女，及長，肄業廣州嶺南大學，光陰荏苒，現在已兒女成行了。

　　一九二〇年，我不幸染上肺疾，後轉肺炎，迫得暫時停

止業務，易地休養，曾赴浙江西湖及歐美等地作長期旅行，經十八個月始告痊癒。

自此，我對於肺病的治療，尤其對外科手術的治療，更加悉心研究。當時，我雖然已有十年行醫經驗，但仍感應有加深研究的必要。乃決意再赴愛丁堡母校深造。研習一年，獲得愛丁堡皇家外科手術學院會員銜，且專於婦科學及外科手術學。回憶當日苦學情形，即在聖誕節及新年假期，我還是閉門研讀課本達二百五十餘頁 [13] 之多，焚膏繼晷，更是家常便飯了。

在愛丁堡完成最後一段學程後，即回香港。不久，被廣東省當局邀任廣東公醫醫學院校長，並將該學院提高水準，增設牙醫學系及藥物學系。當時廣州尚有其他醫學院，但仍以廣東公醫醫學院科目較多，設備較全，程度亦較高。我任此職，約期為兩年，雖待遇微薄，但我仍樂於就任，原因是我既為同盟會會員，為國家培育人才，責所應爾，同時，昔年我考察美奧兄弟醫院時，創辦人威廉美奧曾言：「訓練十個醫學生，勝過行醫一世」，這正是我訓練學生的機會，我又怎能輕易放過呢！

廣東公醫醫學院，本已成立數年，院址在廣州東郊，校長為前美國傳教士達保羅醫師，彼對中國人特具好感。我接任校長兼

任外科手術系教授後，達保羅醫師改任婦科及產科教授兼院長，其他學系教授，由英籍卻醫師及柯醫師等擔任。人才之盛，可稱一時無兩。

我接任後，百事待興，瑣屑繁雜，叢集一身，加以樓宇不足，擴展無從，同時，需款浩繁，財政又感支絀。我乃與同寅磋商，自願赴美籌款，旋獲得教育司的嘉許，乃整裝赴美。

途經加拿大溫哥華時，有《溫哥華太陽報》女記者到訪，彼一見我，首先發問：「李醫師是否首次光臨本埠呢？」我笑着說：「在二十五年前，本埠樓宇尚為木屋時代，我已經到過此地了。」她用驚訝的眼光望着我說：「閣下似乎還未滿二十五歲呢！現在，我要請教你了：閣下是醫生，又是中國人，可否把中國人保持青春的方法對我說呢？」

當時我因另有約會，限於時間，祇得隨意用輕鬆語句對她說：「當我未為醫師時，我感覺上天太不公平，賦與白種人雪白的皮膚，棕色或金色的頭髮，藍色及綠色眼睛，而中國人則祇限於黃色的皮膚，黑色的髮與眼睛。及我習醫後，始知中國人的身體髮膚，雖不及白種的多采多姿，可是卻賦有青春較長的皮膚作補償。中國俗語說：「男人四十一枝花」，正如中國的玫瑰，外表雖不如外國玫瑰的豔麗，可是盛開的時間就較長。」

女記者衹好微笑首肯了。我便繼續向她打趣說：「你來生願作加拿大人，還是中國人呢？」

　　身體肥胖、年逾四十的女記者閉上她的眼睛，很像禱告似的說：「我願為中國人了。」

　　翌日，這位女記者，竟把我的談話，全部記錄在報紙上刊出。隨着，美國的四大中國報紙也轉載了這段趣聞，且讚我替黃種人爭了不少面子。

　　這雖然是無關宏旨的花邊新聞，可是，對我的籌款運動，卻大有裨益。不衹成績理想，而且到處受到華僑的盛宴歡迎。當時宴會所用的酒，均是我國馳名的「五加皮」，其時正值美國禁酒，每瓶售至十五美元之巨。也許我因為喝得這類烈酒太多的緣故吧，我就患上十二指腸潰瘍之疾，歷四十餘年之久，這可能是受了那位加拿大女記者之賜也？

　　我在美籌款，環行各地，費時幾及一年，華僑認捐超過五十萬美元，統由美國各城市的華僑，自組委員會募集及直接匯返廣州。雖曰勞頓，但總可以說是不負此行了。

　　學院對此筆款項，大半用在建設解剖學與生理學兩系，及購置必需儀器。因之，學院的設備，及各項課程，已與大學水準相同，南京教育部遂批准將廣東公醫醫學院，正名為廣東公醫大學醫學院，這時，我被推任為該大學監督。

訓練學生，是一件頗感困難的事，蓋當時學生的英文程度不高，課本的中文醫學譯本又不多，即有，也是落伍而不適用。所以當時的教材，以實習為主，筆記為輔。每晨七時，我即帶學生到醫院巡視病人，同時指示症候與配劑等等實際知識，年級較高的學生，則指導外科手術及診症等等。學生因為得到實際的知識與經驗，趣味更加濃厚，學習精神，更為充沛了。

當時市民，對於醫院，視為鬼域，所以無危險性的外科手術，幾乎無人求醫，即內科各症，亦非病至危殆，不肯入院，所以在院病人，多屬不治之症，醫院之被人誤解，醫生之不易為，均由此種頭腦頑固與民智蔽塞所形成，實堪慨歎！

當廣州滇桂軍變亂之役，傷兵數千，無法收容，臨時乃搭建棚廠安置。最感棘手的，是通常置備的麻醉劑，瞬即用完。在窮則變，變則通的定理下，我終於發現一種可靠的代替劑，此方為咖啡素與奴佛卡因，每種分量三英厘，以三立方厘米水混合，注射在患者第三節脊骨之間，頗收實效。此方經濟實用，我曾繼續使用達三十五年之久，毫無不良反應，因此，我把這個方命名為「三三三三」。

二、軍閥時代的國會與憲法

　　民國初建，新政待舉，真是千頭萬緒，國務紛繁。時孫中山先生已從海外返國，在一九一一年十二月二十四日抵達上海。黨內同志，推舉先生為臨時大總統，黎元洪為副總統，對內副民望，對外爭取友邦，全國政令，遂告統一。清帝溥儀，亦於翌年二月二日正式宣佈遜位。

　　可惜政客狃於意氣之爭，軍人擁兵以自豪，意見分歧，莫衷一是，南方首領，得風氣之先，主張實行民主，由國民黨執行政權，惟北方軍閥，頭腦陳腐，力主保守。孫先生為了統一與和平，忍讓為國，實行推讓臨時大總統職位，並向參議院極力推薦清室舊臣袁世凱繼任。當時袁氏以慈禧太后的餘蔭，仍握有全國最強之兵力，倘由彼出任總統，對於內亂發生，希望消弭於無形。孫先生謀國之忠、愛民之誠，於此更可見其大仁大義了。

　　豈知袁氏為人野心極大，藉大總統之名，於一九一五年

實行帝制，自稱為皇，幸天佑中華，袁氏在翌年即因病逝世，由副總統黎元洪繼任大總統。

十年之間，政局反覆無常，國家政權，由內閣總理段祺瑞掌握。對第一次世界大戰發生，段氏主張加入向德國宣戰，但遭國會反對，而此時的國會，係由國民黨支配，而成立於一九一三年者。自袁世凱逝世後，議員在北平再開會議，多數主張國會亟需起草憲法。如果依照段氏主張加入戰爭，則日本必乘機侵略中國，所以主張國家大事，非由國會一致通過不可。

由於軍閥專橫，堅持成見，當時華北已有數省宣佈獨立，大總統黎元洪，被迫於一九一七年六月十四日宣佈解散國會，同年七月一日，督軍張勳變志復辟，溥儀恢復帝位。

幸而新任副總統馮國璋與內閣總理段祺瑞掌握的軍隊把張勳擊敗，張氏復辟意圖，僅十一日就完結了。

此時的民國，已陷入四分五裂中，軍閥盤據地方，各自為政，以增長私人勢力，惟鑑於袁氏稱帝的失敗，國民力量的不可侮，故表面上均以主張民主為幌子。

馮國璋與段祺瑞的政治局面，僅維持至一九一八年冬，段氏與其部屬召集新國會，選舉清室舊臣徐世昌為大總統，一九二〇年，段祺瑞等雖被逐，但徐氏仍任總統直至一九二

二年，不過是傀儡而已。

其時掌握軍權者，均為著名軍閥，如東三省的張作霖、關內的吳佩孚、被稱「基督將軍」的馮玉祥及曹錕等。曹錕後繼徐世昌為大總統。於一九二四年被馮玉祥與張作霖聯合迫其下野，而以段祺瑞為元首。僅兩年，吳佩孚又與張作霖迫馮玉祥離京，段祺瑞也站不住腳。

此時國內已陷羣龍無首的局面，國事由臨時內閣主持，軍閥盤據要津，各自為政。革命黨員拼頭顱，灑熱血，艱難締造的民國，實在已陷於崩潰狀態中了。

國民黨人，目睹時艱，乃由領袖孫中山先生發出「護法宣言」，宣佈黎元洪於一九一七年解散國會為非法。於廣州成立軍政府，由中山先生任大元帥，後因與廣西省黨派意見不和，孫先生乃於一九一九年告退，旋往上海法租界暫居，從事著作，以俟局勢好轉。

至一九二一年四月，在廣州的國會議員，及一九一三年初期的國會議員，復選孫中山先生為大總統，惟當時廣州局勢不穩，翌年，陳炯明主使其部下叛變，先生被迫離穗。至一九二三年初，再度回粵，莫斯科派員與孫先生磋商改組國民黨，卒接納蘇俄的建議，但聲明以不變成共產黨為原則。

當時由蘇維埃駐華特派員鮑羅庭率領俄國顧問來華襄助，

軍政制度改變至大，大致與蘇俄相同。以組織嚴密，地方與中央，大收指臂之效。國民黨在兩年之間，便健全起來。孫先生乃成為最有實力的領袖，《三民主義》與《建國大綱》，亦在此時期，成為有系統、有卓見的世界知名的政治巨著。

三、孫中山先生與我

　　一九二三年至一九二五年期間，我為孫中山先生的醫事顧問。一日，財政部長宋子文與外交部長陳友仁忽來訪我，請我立即同赴鮑羅庭公館，因鮑先生身患重疾，但拒延素負盛名的外籍醫師診視，蓋名醫龍美為德籍，及公醫醫院院長達保羅為美籍傳教士，二人鮑君均認為對俄不友好之輩，故我名一經提及，鮑先生立即贊同云云。

　　及抵鮑公館，獲知鮑先生患的是嚴重肺炎，病情十分明顯，但彼拒絕入院留醫，堅持在家休養。幸其夫人乃大學畢業生，且善於護理病人，我得她協助，鮑君很快就痊癒了。

　　在我離開廣東公醫大學醫學院不久，鮑君即為接收公醫大學之人，蓋當時廣州曾在一個暫短期間淪入共黨手中也。

　　廣州戡平共亂後，當局以廣東公醫大學醫學院已有高度水準，及有完善設備，乃將之併入中山大學，成為該大學的醫科學院。

一九二五年春天，在一個大雨滂沱的晚上，黨國要員廖仲愷先生等數人，忽叩門過訪，見面之下，告我頃接北平來電，孫先生患染肝癌，留醫協和醫院待作試探手術，但家人與黨方同志，對於施行手術問題，意見相左，故遷延時日，致令病態日益嚴重。現在擬請我作一判斷，蓋我實為孫先生的醫事顧問。我認為試探手術，係屬必要，如果發現患癌部分不超過肝臟四分之一，係可割除而保全性命的。

　　廖先生等乃同意實行向孫先生施用試探手術。

　　可惜在剖腹檢視時，發現癌毒已蔓延到不能割除程度，醫師不得已祇將傷口縫合，聽候自然變化。

　　孫先生所患的肝癌，乃屬罕見的肝部原發性癌，一代偉人，竟告不治，舉國同悲！

　　孫先生逝世於一九二五年三月十二日。全國人士無不熟知的《總理遺囑》，是在先生施手術後數個星期內完成的。

第五章

行醫與狩獵

一、醫院的誕生

　　我在廣州任廣東公醫大學醫學院校長，簽約祇任兩年，期滿後我便返港再度懸壺問世。不久，承趙學、尹文楷及關心焉三位前輩醫師的美意，請我出任養和醫院院長，並負責將該院改組。我雖屬該院股東之一，但我不願負此重任，故一再懇辭，直至一九二六年，我又被選為該院董事局主席，兼該院院長，疊承各位前輩推許，實難再辭，祇得勉力從事。

　　當時養和醫院，開辦已歷三載，但每年經費，均入不敷出，致令院方主辦當局，頗覺困難，故實有改組的必要。

　　當時主理該院院務者，為一醫師集團及社會名流，彼等投資創辦該院，乃專為便利我國人士留醫為主要目標，因當時華籍病人，祇有東華醫院可以留醫，但該院病床不多，常有人滿之患，雖然尚有政府醫院及另兩所私立醫院，但仍缺乏專為華人服務的醫院。

　　養和醫院院址，原為昔日的遊樂場愉園舊址，位置頗佳，

場地亦相當寬敞，購入時，計有樓宇兩小座，其一為餐室 — 即現在的舊院，其一為攝影室 — 即現在的手術室。經改建後，置有病床二十八張。

我接任該院後，即將該院的英文名稱改為 Hong Kong Sanatorium and Hospital，中文名仍稱養和醫院。

當時外科手術，僅有施行輕微手術的設備，但經我擴充後，大手術亦可施行，影響同業對此項業務的重視，逐漸加強設備。而本院的原有病床，已感不足應付，故亟需增建新院，採行新策，以樹立本院的基礎。

在改組後第一年，收支已達平衡，由第二年開始，已微有盈餘，但因以前虧損過巨，資金均已用罄，所以決定另招新股，增加資金，作為興建新院，增加設備之用。我乃邀同業及親友投資，可惜舊股東對該院熱忱已告減退，其他人士對該院又乏信心。我在騎上虎背之餘，祇好盡本人力之所及，將預定股本的餘額，盡行承受，所以本人擁有該院百分八十以上的股額，原因在此。

一九三二年，新院（即現在的中院）終告落成，設計新穎，採用適宜病人休養的彩色病房，打破醫院祇用黑白兩色的向例。（按：美國醫院，後本院二十五年，才採用彩色病房設計。）

新院計有產科部及二十八間私家病房，每間均有九尺闊的騎樓，面向花園；後有走廊，面向後山園林，設計的美妙，香港前醫務總監曾譽為全遠東之冠。

　　由於醫院擴大，護士不足，而香港又係經常缺乏護士，故大部分需由廣州聘來。在一九二七年，本院得港當局准許，設立護士學校，培植新苗，人才漸盛。至一九三四年，又准設立產科學校，以應社會需要，在學的護士生及產科生，超過一百五十名。

二、我的私人業務

　　養和醫院，不斷在擴展中，而業務也不斷的龐大起來，一切已具規模，事務亦漸上軌道。故我的私人業務，也隨着增加。此時舍弟樹培，適在歐洲深造完畢歸來，乃共同另設立李樹芬醫務院。

　　我任內科醫師十有二年，然後再專習外科手術，在廣東公醫大學醫學院，又任外科教授及實施外科手術兩年，學識經驗，可以說兼而有之。回港復業，以外科手術作為專業，自料必有成果，豈知事實並不如理想，因國人對於西方醫學，尚未完全信任，對外科手術，更乏信心，加以跑馬地一帶並非工業地區，意外受傷的求診固極少，即不化膿的外科病症亦不多，即偶有患者入院求治，亦須加以多方說服，始允施行手術。同時，同業友好，亦常介紹內科病人到診，我自不能以祇任外科而加以拒絕，何況更有來自華北甚至海外的病人，事實上，我祇好「來則安之」了。名醫 Moynihan 公爵 ⑭

曾言：「我本內科醫師，但事實卻要我作為外科醫師」，我的
情形，恰好和他相反。

我業醫多年，其中諧趣事件，自然不少，茲記一事，以
例其餘。

某次出診，求治的是一個年已老邁而病入膏肓的商人，
該商店係彼與人合資經營，同居店內。經診視後，同伴促其
交付診費，彼本可在其以之作枕的木箱內取錢，但彼堅持要
由店方墊支，並表示翌日清還，該同伴深知此人視財如命，
又好佔小便宜，蓋遲交一日，彼亦認為對己有利，乃憤而對
他說：「你還有明天嗎？你的上唇已縮，箱中雖有錢，難道可
以帶到棺材去嗎？」此老一聞此言，全身顫抖，不能自持。按
中國醫理，認為病人上唇捲縮，便是死亡的先兆。

事隔不久，我果被邀為此人簽署死亡證。過度恐懼，可
能成為此老的催命符，天下守財奴，至死不悟，亦大可哀了。

我因業務關係，常與病菌接觸，所以我也曾染過多種險
症，如白喉、腸熱、肺炎、肺癆等，甚至鼠疫，亦曾沾染，
事情的經過，是這樣的：

當我出診一個十二歲女童，認為患染鼠疫，替彼注射防
疫針後，偶一不慎，針咀竟誤傷自己的手指，且流血很多，
當時尚不以為意。離去後，我始悟有被傳染的危險，在徬徨

之餘，祇好再到患者之家，詳細檢驗患者，希望診斷錯誤。豈知抵達時，室內香燭搖晃，祇有僵直的女童屍體一具而已。此時我已心驚意亂，毛骨悚然，迫得再度試探童屍的腹溝腺，發現已發炎腫脹，證明死於鼠疫，確實無疑。

我便趕回寓所，急搖電話與同業奧梳利醫師，請其立即為我在肩胛骨間注射五立方厘米防疫藥苗，並發急電返鄉，通知內子，報道遇險。

幸而死裏逃生，大難不死，雖曰幸運，亦屬奇蹟，蓋凡染疫症而不死的，在百萬宗中，或有其一，但仍未有此項醫案紀錄呀！

香港患肺病的死亡率極高，我在一九二〇至一九二一年間亦曾染此疾。故我對肺病特別重視及悉心研究。養和醫院初期，留醫病人中，患肺病者竟佔四成。照我所知，在香港施用外科手術治療肺病者，我可能為第一人。我所施用的療肺手術方式，包括膈神經切除術、肺尖腔局部萎陷術、人工氣胸術、胸膜內外肺鬆解術、胸膜腔射油術、胸廓成形術等等，前兩種手術，自一九二六年已經開始施用。

膈神經切除的用意，係使膈神經失去機能，以便癱瘓之肺部得藉腹部的壓力把肺向上推送，藉以獲得休息。惟此項手術，功用未能永久，因被割去之神經兩端，可能漸次長回原

形，故最有效的方式，乃將神經抽出，抽得愈長愈具久遠功效。

　　我為要向患者實施這種手術，遂於一九二七年向英國馳名手術儀器製造廠，特製膈神經鉗，其型大致與動脈鉗相類，惟末端鍛接合金製成的圓球一個，用時先將圓球放在鎖骨穴內，然後將膈神經緊鉗，後將儀器慢轉，以至胸部能抽出最長程度之膈神經。

　　施用這種新儀器去割除膈神經，其永久性的效果，極為可靠。

　　對於肺尖腔部萎陷術，我係使用高氣壓力將胸膜外萎陷，繼而多次施用油質注入，以繼續其壓力，但此類手術，現已少用。

　　至於胸廓成形術（即割除胸部的肋骨），我可能為全港施用這種手術的第一人。在施行前，我經常是使用浸潤麻醉劑。

　　尚有一種新儀器為本人設計者，乃用於扁桃體切除術（俗稱割喉核）的儀器。施用時，其妙處是不需用手指置入口腔內，而可以自動將血管綁結，醫師如採此種儀器，實可安枕無憂了。因為未有此種新儀器前，喉間血管及傷口，每每因不易綁結完善而突然破裂流血，致令醫生在深夜熟睡中，仍要起床急替病人救治。

　　觸發設計這種儀器的動機，實有一段頗覺興趣的歷史存在，現在不妨一述。

我幼年居鄉，對於牧童縛牛方法，甚為注意。一般縛法，係將繩端作一鬆弛之結，繫於地面木栓，被縛之牛，如將繩索逾拉，則該結逾緊。我運用這個原理，因而發明這具扁桃體切除儀器，其製法有如血管鉗，但加上零件。將儀器置於口腔內的一端，即能以雙蝴蝶式（即牧童縛牛式）之縫線綁結切除扁桃體後之血管，而醫師的手指無需置於患者的口腔內。

　　此儀器名曰「李氏自動綁結器」，直至目前，仍在美國被醫師採用。曾有一美籍外科手術醫師，因不懂把線結成雙蝴蝶式，把這個儀器稱作「中國謎」。實則此儀器，我認為遠勝任何綁結血管的儀器，因其用法簡單，迅速而可靠也。

　　在我醫案中，曾醫治罕見之病症不少，最值得提及的，是一宗施割膀胱石症，該石之大，幾佔膀胱全部，實至駭人。另一宗令人難以置信的病案為卵巢瘤，患者為一中年婦人，該瘤之大，致使該婦無法行動，而站立時，腹部有如懷鼓。由於瘤體過於龐大，手術須分作兩階段施行。先將腹部的積水抽出，使腹部血脈恢復流動，然後進行第二段手術，此即剖腹割除卵巢內的毒瘤。手術既告成功，該婦隨即復元出院。

　　最可惜的，上述兩宗手術的詳細經過紀錄，與取出的膀胱石，均因香港陷日時期，以戰亂而致全般遺失。

　　尚有一宗手術，料讀者或感興趣。一個在廣州受槍傷的

男子，因傷狀獨特，傷勢不尋常，廣州醫師不允為之施行手術，故來港向我求治。

傷者是在五十碼外為子彈所傷，子彈貫過前立之人而從橫穿入傷者胸部，子彈在兩肺葉中間夾藏在心膜之間。此種意外的受傷，可謂非常湊巧。

當我為他治理時，也分作兩個階段進行。第一段為將其胸膜壁剖開四英寸，以試探子彈的夾藏位置，惟經一小時檢查後，毫無發現。祇好在三個星期後施行第二次手術，用氣管內膜麻醉法，先將胸膜壁再行剖開，已露出厚而帶黏性的心包（此乃心包發炎的現象），繼而尋獲子彈頭的位置，遂用鉗子把它取出，因子彈射入體內時，彈頭尚含有極高的熱力，故傷處幾無細菌存在。所以彈頭取出後，傷者很快就全部復元。

（以上施割詳細經過情形，曾刊載一九五〇年十二月份《胸部病醫學月刊》第十八期，第六本第五九頁[15]，題為〈心包切開術及尋獲移動之子彈〉，讀者可作參考。）

遠在三十五年前，因醫學尚未達到現在的進步，下述事件，仍為罕有的症例。

一個患蚓狀性盲腸炎的二十歲女子來院求醫。在施手術時，其心房突然停止跳動。我立即伸手入傷口與橫膈膜之間

施行人工按摩心房手術，很快心房便回復跳動，惟該少女兩日後仍未甦醒，即告死去。是否因為腦細胞在心房停止跳動時受損，至今仍是一個謎。但施用人工按摩心房術，當時我仍為第一人。

在院務與私人業務極感繁忙中，我仍利用工作餘暇時間，獻身社會服務。一九三二年，我經競選獲任衛生局委員，此公共衛生機構，係在本港一八九四年發生驚人的大疫症時期而設立者。該次疫症，曾震動全球，日政府曾派員來港研究疫症細菌的來源，法政府亦同時派員來港擔任同樣工作。其後，日方人員首先發現細菌來源，而法方人員，亦公開發表一份較詳細的報告。

我除任衛生局委員外，曾任港政府行政局及立法局議員、聖約翰救傷隊區主任及外科醫師、香港中華醫學會會長、醫務委員等職；由一九三四年開始，受港當局簡任為非官守太平紳士。

三、一個獵人的誕生

我的職業是外科醫生，我的嗜好是行獵。

我經常誇耀地和親友們說：我拿起獵槍和手術刀，同樣勝任愉快和同樣愛好。

香港的狩獵季由每年的九月到翌年的二月，政府准許狩獵的地區是九龍新界。這雖然是一塊好地方，但太侷促了。對於一個熱中狩獵的人，一小片山地是無法滿足的。

在童年時，我就有赴遠處狩獵的想象。這一希望，隨時間而增強，到了一九二八年我赴加拿大旅行時，才達成了這一恆久的期望。

我到英屬哥倫比亞的土巴湖以北地區，從事獵取山羊——這是一個獵人的誕生。

先是，由溫哥華一家槍店的主人介紹一位五十餘歲有豐富經驗的職業獵手作為我的嚮導。他名奴力士，愛爾蘭籍，看上去很健康但極為迷信的人物。我們的合作，在開始時就

有了不如意事 —— 我隨意選擇了星期五出發。可是，他竭力反對，他以為星期五是一個壞日子，對於出獵者極不適宜，我費了無數口舌，才將他說服而出發。

也許是由於事前的周折，或者真如奴力士的迷信，星期五不是好日子 —— 當我們的船啟行約十五分鐘時，我發覺我的行囊失落了，匆匆地掉轉船頭，幸而，回到碼頭時，那行囊猶在，奴力士君為之攜上了船，再離岸行駛。可是，第二次的阻撓又發生了，船尾的推進器為漁網所纏繞而無法旋轉。相持了一些時間，船員冒寒入水，將漁網牽開。奴力士對此兩次事件感到不愉快，再強調星期五不祥之說，要求改期。那時，我的興趣極濃，因偶然的阻撓而退，是不甘心的，於是，又一次我將他說服了。

我們的船順利地行進了三小時，忽然，湖上颳風了，船小，風猛浪大，駕駛員無法控制，小船左右搖擺而入險境 —— 這艘船的駕駛員是一位青年學生，他以駕駛舟車為副業而賺錢繳學費，當風急浪高之際，他比我還要驚慌。幸而經半小時的掙扎，我們總算靠傍了陸地。

我們改乘另一艘輪船完成第一程。然後步行到土巴湖口，改乘獨木舟渡湖，我單獨乘一舟先行。

風浪一度小斂，但在獨木舟中，風勢又轉急了。白浪滾

滾，舟中入水，我發覺再繼續航行，將生危險，於是，我命兩名駕舟的印地安籍人駛往附近一小島避風。可是，那兩名紅番完全不理我的要求。在無可奈何中，我拔出手槍指嚇，他們兩人才扮了鬼臉就範。

事後，我向奴力士君報道這一經過，他說，這是萬幸的事，土巴湖口，素來有白人葬地之稱，白種人在此溺死者很多，卻未聞印地安人有溺死的 —— 印地安人泳術極精，他們又習慣於在風浪的湖中泅水，因此白種人遊客常在有計劃中被溺，而隨身財物被同行的印地安人所採取。他說，這是一個荒僻的地方，法律照顧不到：他又稱讚我的手槍指嚇為明智之舉。同時，他勸告我不可予印地安人威士忌，不能讓持槍的印地安人走在你後面。

—— 這是聽來的教訓和身受經歷的第一頁。

此行我本擬獵取黑熊，但因季節關係，黑熊已隨沙丁魚而向河源地區去了。於是奴力士君引我攀登高原搜尋山羊。

這是一項需要耐心和勇氣的工作。

一日午刻，我們在山間從事搜索，奴力士君指點相距約四百碼左右的崖上一個小白點，促我注意，我用望遠鏡窺視，看出那是一頭大山羊。

目標找到了，我興奮地將點三〇三（.303）口徑來福槍槍

管擱於石塊上，然後，將測距器撥準四百碼，瞄準，發射。一聲槍響之後，那個白點倒下了，我為之狂喜，此時，又在崖邊發現了一個小白點，我匆匆再發一槍，那個小白點倏然不見了。我無法判斷第二次射擊是否命中。但是奴力士君已鼓掌叫好，他告訴我，兩頭山羊，皆已被擊中了。隨着，他出發去搜尋。經過三小時之久，奴力士君才回來，他割下了羊頭和剝下羊皮，是兩隻羊的。他説，尋到時，一羊已死，另一隻羊則重傷，尚在掙扎，因此再補上一槍。

這兩隻山羊，每隻重約二百五十磅，奴力士無法將兩隻全羊拖回來，因此而採用割頭剝皮之法。

初獵的收獲使我們愉快，其中一隻羊的角，達到十吋半長 —— 可惜製作標本欠佳，在香港的潮濕氣候中，不久即告腐爛。

這是在加拿大的第一個回合。

十二年之後，我才有機會重到加拿大，實現獵取麋鹿之願望。同一時期，我還實現了獵取猛獸的夢想，地點是在今越南地區。

那時中華民國政府為增進與法屬越南的關係，派代表團訪越，團長為宋子文博士；宋氏為當時的廣東省政府主席。訪問團有團員十二人，我是其中之一。

在訪越的第二日，宋子文博士和印度支那總督閒談時，表示中國政府希望能獲得稀有獸類的標本，印支總督允承了，宋氏笑着委我為狩獵代表。

次日，總督之副官引我入故宮區內行獵（此一區域，除非特准，平時是不許進入行獵的。）可是，這一次的我卻不曾動用獵槍，因為在故宮區內，看到遍地鹿羣，優游自得，其馴有如家畜，我憬悟此處禁獵，故獸類生活安詳，我不願破壞這一個環境，空手而回。

其後，我要求獵野象，但以獵象通常需要四星期時間，而我們的居留祇有十一日，故無法達到目的。最後，我決定獵虎。我僱了一位法籍職業導獵員，我稱他為安德烈 —— 他很高大強壯，嗜酒，可能因於嗜酒而淪為導獵員吧？

我和他自西貢乘火車至同丹鎮（約距百里），轉乘一輛牛車到一所建於河邊的小屋 —— 這小屋作為我們狩獵的營地，由此可乘牛車或步行至附近地區狩獵。

越南獵虎，採用死畜為餌，印度則以活畜為餌，在效果上，是印度方法較佳。

我和安德烈花了三日時間，尋找一頭野牛為餌，但無所獲。第三日晚間，我和附近一位法籍農場主人晚餐，在閒談中，他允予助我搜尋作餌的野牛。他說，他的農場近來遭一

頭水牛所擾，在這樣的情形下，法律許可將侵入之牛槍殺的，他向我借了槍械。

結果，他打死和打傷了水牛各一頭，傷牛渡河而返村，村民因此而大嘩，譴責該法籍農場主人槍殺村民水牛。

我在獲得了餌之後，就偕安德烈開始佈置獵地了，我們將死牛運至乾涸的河床旁，一株大樹之下。此地，獸跡縱橫，我們計劃在樹上建一個射擊台。

第二天我們再去時，那條死水牛的腹部，已為獸噬去大半。我們仍照計劃行事。於築成射擊用的獵台之後，回營午餐，下午四時許，我和安德烈再往。獵台原來用樹葉掩蔽的，此時，猛烈的陽光已將樹葉曬乾了。稍一接觸，即有碎裂聲。

這一個射擊用的獵台，離地面約二十呎高，有一具臨時製就的木梯用為攀援。台上，以一具木箱作為座位，至於食物，則是一壺水，一些餅乾和兩隻橙。遺憾的是，安德烈不曾預備咖啡 —— 長夜守候，咖啡應該是必要的提神飲料。

安德烈君因氣管有問題而時時咳嗽，不便同我在一起守候野獸。因此，他將我的九點三八米厘口徑來福槍及雙管鳥槍放下後，即告辭而退，他率土人拆下木梯回營地。

現在，剩下我獨自一人了。

越南的狩獵者認為猛虎之出現時間常在下午六時至九時

或午夜至清晨三時之間。這一時間性使我不解，在獵台上，我就想着這些。而在沉思中，忽然有「悉索」的聲音自草間傳出，我循聲顧視，看到一團黃色的物體在青草間移動。這時，是下午六點鐘左右，越南獵人們認為老虎出沒的好時光。於是我推測這黃色動物乃虎頭，連忙舉槍瞄準。

一轉眼間，我看清了，那祗是一頭野雞，隨着雞鶵一羣，來此取食水牛腹中腐肌所生的蛆蟲。

我擱下槍，為之苦笑。

當時，在獵台上守候，是不大好受的，斜陽猶烈，牛屍腐爛後，臭氣薰天，但是，啄食蛆蟲的野雞，卻吃得津津有味。我看着忽然之間，死牛的右眼球轉動而向我，繼而死牛的右前足又自動彎曲。這是怪象，我吃了一驚，不過稍一思索，我就明白其中原因 —— 眼球的轉動於內眶肉腐爛，承受眼球重量的膜失去平衡之故。至於牛腳的轉曲，則由於野雞群啄食，挖鬆了承墊的泥土之故。

我想，若是一個未受近代科學教育的人處於此，那末，一個親見的鬼怪故事就會傳出了。

時間漸漸地過去，太陽西墜了，涼風吹動着樹木，我的精神為之一爽，不久，夜的帷幕下垂，籠罩了整個森林。

一個短暫的寂靜時間之後，森林中鳥獸的囂噪聲四起，

我在被蚊蚋的圍攻中，緊張地注視着黑暗中的林莽側耳靜聽。

這是孤獨和緊張的夜，環境是非常不好受的，可是為了一個大願望——獵取猛虎——我忍耐着、等待着。

可是，長夜漫漫，儘管獸聲四起，但我迄無發現，大約在後半夜四時左右，過份的疲倦使我在獵台上睡着了。這一來，直睡至天亮。那時安德烈君已偕同工人持木梯到來。安德烈巡查附近後，告訴我夜間曾有兩虎自北走來此處，另有兩虎則自南方行至距死牛三十碼處，躺在沙地上——這是從足跡及身體印留在沙地上的痕跡可以證明。他又說那晚也有虎侵入我們在河邊的營地。幸而營地燃着火炬，該頭猛虎逡巡後他去。

這報告使我頹喪得很，一夜的守候，在最後時刻錯過了，而此刻，我自感精疲力盡，一言不發，回營地倒頭便睡。

當夜，鄉下人來報告，有象羣出現，並侵入彼等之農場，邀請我們往獵象。

這是意外的機會，我決定放棄獵虎而轉向獵象了。

次日清晨，我和導獵者及助手出發追蹤象羣。這並非困難的事——象體笨重，足跡大而且深，再者，象的體積大，食量也大，通常且行且排泄糞便。獵象者在追蹤時，循象之足跡而行，並檢察象糞，如果象糞軟而濕潤，則此象離去不

過一小時左右。

我們於不久後就發現了柔軟的象糞。

於是我們這一羣人便以跑步式追逐。

在炎陽之下奔跑，如受酷刑，但是我興奮着，集中生命的全力前進。

近午，我們抵達一個山峽，前面是一個山谷。此時我們聽到了咀嚼樹葉的聲音。

大象必在近處了，我們迎風而行 —— 象的嗅覺很靈敏，如果順風，牠們很容易發現獵人 —— 不久我們看到前面空曠處有大象十頭。

這是一個使人既驚且喜的發現。可是於發現前面有象十頭時，又聽到我們的後方，也有樹木受擾動的聲響，安德烈君拍着我的肩膀，以手勢表示速退 —— 這時我們已處於被象羣包圍的形勢中，如果我們射擊，將受到象羣前後夾攻。

於是我們迅速轉移，再迎風向第二象羣偷襲 —— 這一羣有十一頭，首領象極高大，估計其背高達十呎以上。我手中的九點三八厘口徑自動來福槍中有六顆子彈，我打算向該大象之胸部發射，這是在象的耳與眼之間，此處之骨骼僅有半英吋厚，而腦前端的骨骼，則有二英吋之厚。在六十碼的距離，我瞄準，但又有些猶豫，我低問安德烈如何辦，他的回

答極模棱，祇說「隨便你」。我稍為思索，再度瞄準，此時安德烈反問我如何，我告訴他，我擔心槍聲一起，象羣向我們侵襲。他唔了一聲，表示同感。

這是一個緊張的關頭，我卻遲疑着。

此時，隨來的土人之一，不慎自樹上跌下。這聲響驚動了羣象，全體作勢，欲向我們襲來。那頭龐大的首領象正對着我，我肯定牠已發現了我們。於是，我跪下發射，對着這頭大象雙目中央發射出第一顆子彈。

巨象中彈，應聲倒地，並且發出如雷鳴的嘶吼。可是在一轉眼之間，那頭象已起立了，那時我尚未起立 —— 我的第一射，子彈並未穿入大象的頭顱，祇是將牠暫時擊暈而已。

於是這頭象和牠的同伴，嘶吼着衝向我們。我匆忙中連發兩槍，但仍未制止牠們前衝之勢。在三十碼的距離時，我發射第四槍，擊穿了大象的頭骨，牠前衝至距我約十五碼處，頹然倒下。

同時，在樹後的安德烈君，也發出兩槍，阻嚇象羣的衝鋒。

接連的槍聲與硝煙，終於將羣象嚇住了，牠們改變方向，狂奔而去。

危險已過，三名土人始從樹上下來。

這一次獵象，在我是非常危險和幸運的，我的槍有了毛

病，第五顆子彈已緊塞在槍膛中不能移動。如果第四發子彈不能射穿象頭，後果就不堪設想了。

這一次經歷使我對槍械的認識進了一步。此後，我採用英國製的雙管來福槍而不敢再用雜牌的槍械了。

此時，安德烈君勸我不可攝影，從速離開，因大象具有天賦的復仇心，牠們雖已奔開，可能繞道回來報仇的。

於是，我們離開了，到第二天早晨再來將該象的頭及一雙後足割下。我將象鼻贈予土人──這是他們的最佳食物。

這一頭象重約三噸，當我們載運勝利品而歸時，村民數十，各持竹籃及菜刀，去割取象肉。

我們回營後，發現許多食屍鳥在河邊飲水，顯然，牠們已飽食象肉了。

次日，我再往時，但見象骨一副存在。

在越南獵虎不成，獵得了大象，這雖然也是豐碩的收穫，但對獵虎之願，夢寐不忘，在童年時代，我聽過許多有關獵猛虎的故事，因此，在猛獸羣中，對虎的印象最為深刻。

我初次認識虎的狡猾，是在印度北部喜馬拉亞山麓，時為一九五五年 ⑯ 三月。

在印度獵虎，有三種方式：一是坐於象背上搜獵；二是用獵台守候，夜間，採用活餌相誘；三是用獵台為之，在日

間，僱用土人將虎逐至獵台射程之內。

第二種方法，即我在越南試過而失敗的，雖然很費精神，但是，也有其可取之處，當天黑之後，森林漸成鳥獸世界，獵者的範圍祇限於獵台周圍射程之內。此時，獵人可以領略夜森林的洵美。泥土和草木所混和的蓊鬱的氣息，獸鳴鳥叫。仰起頭，繁星在天，在獵人生活中，這是最可追憶的情景。

我在印度及以前在越南，採用上面的第一第二兩種方式獵虎，皆未有所遇。但採用第三種方式，即射殺猛虎兩頭。

以前，印度各個藩國王子們全盛期，趕虎是一項大事業，那時，會用上數十頭馴象，以及數百名土人。其趕逐的範圍，幾達一里之闊。但這樣的盛景，現在已不復能見了，因為現在僱用馴象和土人都有困難。通常，現在趕虎的範圍，祇有數百碼而已。

現在的趕虎方法，是先查出猛虎出入路線，將活水牛十餘頭，分別繫於猛虎出入之路線。據習慣，虎於搏殺水牛和飽食之後，必將剩餘的死牛拖到高達十二尺的劍草叢中 —— 劍草，又稱為「老虎草」—— 來儲藏食物，以防他獸竊食，並以之掩蔽炎陽以及蒼蠅等侵襲。牛骸被拖入劍草叢中後，該頭老虎將會在草叢中逗留二十四小時，虎於飽食之後，通常由上午十時睡至下午四時。

一經發現虎的所在地後，趕虎者即將該虎作弧形的包圍，箭哨所指，即是獵台所在。逼虎之法，以馴象排列向前，虎即被擾而出，在兩邊的土人則以棍棒擊樹或敲鐵罐等，甚至亦有鳴槍的，總之，以各種聲音使虎混亂而感無路可走，終於照土人的安排，由箭嘴通路而走往獵台。

　　在採用上述方法中，我第一次獵到猛虎。

　　那是午後，土人將一頭如騾大的巨虎包圍，趕逐而至獵台附近。我發現牠將入叢林時，未經瞄準，就舉槍急射，這一槍射中虎肩，那頭猛虎中槍後狂嘯，躍起甚高，在空中且盤旋了一下，落下時，四足仍着地，而且，嘯聲更厲，有向我撲擊之勢。於是，我再發射一槍，在二十五碼的距離，擊中了牠的心房，那頭虎倒下了，但垂死時掙扎甚劇，自噬其傷口以及咬嚼地上的草，而且將自己的舌頭也咬碎了。

　　這是我第一次獵得猛虎，興奮不已。急下獵台，想去撫摸我的戰利品。但在行近之時，看到此虎身型之巨，心中為之悚然。同時，虎口中所散發之腥臭味，亦令我欲嘔。

　　此虎，自鼻尖至尾端，長達十英呎，那是屬於體型巨大的虎。

　　這以後數日，我們縛在一個乾涸的小河床中的水牛，又被虎所噬。牛骸被拖上八尺高之河岸，藏於劍草叢中。

這頭虎的出現，我們早已獲得特別的通知了——當日清晨，我們已聽到鹿羣和孔雀的叫聲，那是猛虎徘徊覓食時，其他較弱的獸類常有的警號，獵人可以此種警號而得知巨獸蹤跡。

這回，我在獵台守候不久，即看到一巨型動物，在林間隱現，因該處有林莽，我的視線時時被阻。在二十碼距離中，我看清了那是一頭巨虎，牠正慢步而行，但其前又有樹叢，我忖度不能再待，把握時機瞄準發射，槍聲起處，這頭大虎的蹤跡即杳。而且未聞虎嘯和樹木的震動聲，牠的消失，恍如鬼魂。

次日，我在獵台以活羊為餌而獵豹，但守候至夜，仍無所獲，我空手回營。途次，於微弱的燈光之下，看到一巨物橫臥在前，就近視之，是一頭巨虎，那是我昨日射擊而如鬼魂地消失了的大虎。

我所射出的那一發子彈，直穿其心房部位，但是，那頭虎於中彈之後仍能逃躍至一百二十呎高之崖上始行斃命，可見其生命力之強。

這是我射中的第二頭猛虎，體形較第一頭更大，合十六名土人之力，始將虎骸自高崖移至吉普車。

次晨，當地村長率領六十餘名村民到營地歌舞慶祝，村長更以紅硃抹塗在我的額上，那是表示致敬和祝福。

這頭巨虎，我將之製成了標本，置於我的市區寓所「白璧」

內。我在這標本之旁立了一告白牌，上面寫「虎皮含有毒藥，請勿以手接觸。」這是嚇人的 —— 製標本時，虎面雖曾經用砒煉，但無觸手中毒之虞。我所以如此，因為不少有舊觀念的賓客，喜使其子女一騎猛虎，據傳說，這是有辟邪之功的。一具虎標本若成了孩子們的坐騎，總是可惜之事。

這具虎標本製作極為精美，立在地上，栩栩如生，當運抵香港時，我曾設雞尾酒會，以為慶祝。友人中未能與會的是故友何東爵士。他是香港聲譽最高的富紳，當時，何東爵士以感冒之疾不克來。他表示於疾瘥後當專程來我家看虎，並將偕虎攝影留念。

不幸，何爵士的病牽延至久，他又時時不願服藥，數月後，這位可敬愛的朋友逝世了，何東爵士享高壽，逝世時是九十四歲。

一九五七年⑰，我計劃赴非洲遊獵，這是獵人生活中的一項大願望。因為非洲缺少現代文明的各項設備，我在行前先檢查身體。

經由 X 光照片，發現我的膽中有石三十餘顆之多。雖然未覺痛苦，但若在非洲森林中發生問題時，將是不可想象的壞事。

於是，我決心割除。經手術後的第十八日，我由美國轉瑞士休養，不久，回香港。是年九月，我由香港飛往東非洲

之奈洛俾城。

此行，我的行李逾重一百五十磅，據航空公司説，這是此一航線旅客行李逾重的新紀錄。這回，我攜帶的槍械計有：單管點二七〇，點三七五，及點四六五口徑雙管來福槍。後兩者是由英國著名之槍械廠為我特製的，費時兩年始成。應該説，這是同類獵槍中最優良者。

由奈洛俾城出發時，我的狩獵隊很有規模。導獵員百靈頓君，是出名的「白獵人」，世界各地到東非行獵者，多欲聘他為導，因此，百靈頓君極忙，我是在一年以前預約了他的。此外，有十八名土人助手[18]。

我的行李及獵隊的各式配備，由一輛五噸卡車運載，祇有一輛吉普車前導，那是用為搜獵之用的。

東非之行，我的目的是遊獵，在數千里莽原上，我終於完成了一名獵人最大的心願 —— 射獲五大獸王，即獅、象、犀牛、野牛及斑豹。

在東非的行獵區域中，紅色塵埃滿佈，我因吸入了太多紅塵而致呼吸系統有疾，令我氣喘，這對射擊的準確性是有相當影響的。

此外，在非洲遊獵期間，一種被稱為「遊獵螞蟻」的小蟲，也給予我巨大的困擾。

這種螞蟻盈千累萬，成羣出動覓食，多的時候，蟻羣能佈滿數畝地的地面。

我們的營地，曾受遊獵螞蟻所光顧。土人廚司雖將炭火圍繞膳食帳幕，作為防護，但蟻羣仍能越過火線而將食物齧食殆盡，我們雖曾用二加侖殺蟲水澆淋，但仍無效。

此夜，我在睡夢中忽感全身如被針刺，急自床上躍起，脫下睡衣，百靈頓君聞聲，遂告曰：

「遊獵螞蟻來了吧，快些將所有衣服脫下，再驅去身上的螞蟻。然後用毛氈裹了身體上車坐下。」

他已先我而受羣蟻侵襲之苦了。

此夜，我和他在車上坐以待旦。

第三夜，我於如廁時不慎踏了螞蟻的行線，那似是觸電，倏然間，無數螞蟻已在我的腿上爬行，甚至有些螞蟻已爬至我的腰部，更衣再睡時，帳篷頂上忽有騷動，那是樹上的毛蟲受蟻羣所襲而跌下。之後不久，我的床下又發生了異動，我看到一條蛇，亦為蟻羣所侵而與之作戰，我不知此蛇是否有毒，不敢下床，即呼土人相助，將蛇擊斃。

這一夜的困擾使遊獵人向遊獵螞蟻屈服。我們和牠們相抗，眾寡太懸殊了，次日，乃移營而避之。

在越南，我獵得一頭亞洲象，在非洲，我又獵得一頭象。

這是在第一天的狩獵中收獲的。此象的右牙長達六呎十一吋，重六十九磅。左牙短一呎，稍輕十磅。

這一頭象，是我在非洲遊獵期間所見最巨大的，百靈頓君估計牠的體重將是四噸。

那時期，已瀕臨雨季，象羣開始移向高原地區，每逢季節的遷徙時，象羣每日可行五十哩之遠。我們僅能追逐墮後之象，在曠地將之攔截。我所獵獲的這一頭象，同行共四隻，接連而行，可能，牠們已嗅到獵人氣息，步行忽然加速了，被我所擊中的那頭，出現之時，身體橫互在前，頭轉向右方，為我視線所不及，但其時緊急，我舉獵槍射其肩。大象中彈後狂吼，奔躍約三百碼才倒斃。

這一頭象被擊斃命，其餘三象已奔逃無蹤。

當大象被剖割時，三名土人隨從，將尚存溫暖之象胃割成小塊而大嚼。這似乎對他們是美味的。

在獵取犀牛的過程中，我們經過加里沙鎮（在肯雅的邊境），那兒的鳥獸監護官與我相遇，非常莊重地向我提出一個問題，是關於犀牛角的。他因久聞東方人以犀牛角作為壯陽藥，然從未有機會證實，因我是中國人，又是醫生和獵人，他請求我發表意見。這是傳遍東方的神秘問題。我回答他：「犀牛角具有心理作用的效力。」

一八九九年作者與父親在波士頓城留影時，
年方十二歲，在文內已有述及。

前排，由左至右，本人，姊翠月，妹翠秀。
後排，由左至右，三弟樹培，二弟樹芳，四弟樹滋。

長女芙馨（中），次女芙蓉（右），三女芙貞（左）合影。

作者在廣州一九一一年任衛生司司長時與工作人員合影，
第一排右起第四人為作者。

一九一一年，廣東醫學共進會與孫中山先生合影。

一九二二年香江養和園開幕，作者（左二）與董事及嘉賓合照。

一九二三年至一九二五年當作者任廣東公醫大學醫學院校長時攝。

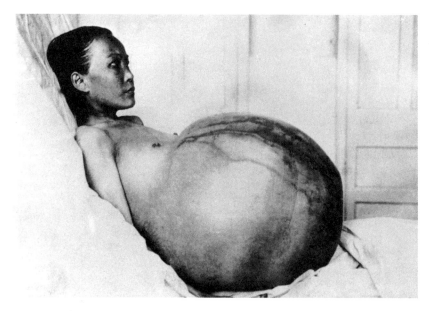

一患子宮瘤婦人，經作者施用外科手術切除後，安然痊癒。

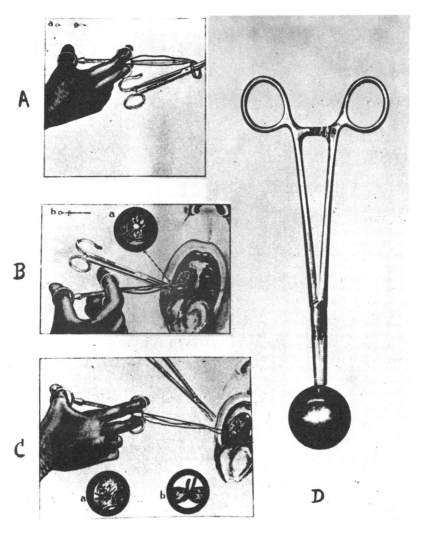

A、B、C：作者所發明扁桃體切除後之綁血管儀器。
D：膈神經切除術之旋轉拔神經鉗。

國父孫中山先生暨夫人贈予作者，於一九二五年在北平時留影。

一九二九年六月廿七日港督金文泰爵士參觀養和醫院時留影。

一九三二年作者（前排中）主持養和醫院中院開幕，其弟李樹培醫生站於
後排（左五）。

一九三四年作者（前排左六）主持養和醫院護士學校畢業典禮。

英皇佐治六世給作者在第二次世界大戰時
為保障人類與服務之獎狀。

一九四七年三月三日港督楊慕琦爵士巡視養和醫院時留影。

110

一九五七年在東非狩獵所獲各類野獸標本包括五大獸王在內。

英國著名荷倫槍廠特製點四六五口徑的重型雙管獵槍。
荷倫廠製的點三七五口徑中型單管來福槍。
美國紀利芬及好廠製的輕型點二七〇口徑單管來福槍。

製成標本的巨型印度雄虎。

一九五五年[19]在印度喜馬拉雅山麓獵得雄虎兩頭，這是其中一頭，
身長十呎，重約六百磅。

「五大獸王」中最狡猾之斑豹，搜獵六日始將牠擊斃。
重一百二十五磅，長八呎半。

「五大獸王」之一的雄獅，身長九呎，重約四百磅。

「五大獸王」之一的巨象，重約四噸，牙長六呎十一吋半。

「五大獸王」之一的犀牛，重一噸又四分之一，角長十六英吋。

一九五七年在東非所獲「五大獸王」之一的野牛，重約一噸半。

作者狩獵時所用之防烈陽面罩與獵裝。

一九五五年在印度獲得虎後，該處村長為作者祝福之狀。

一九五八年在古巴與已故美國大文豪海明威在其別墅留影。

一九五二年四月九日醫務總監楊國璋醫生巡視養和醫院時攝。
左起李樹芳先生、楊國璋醫生、林素嫻護士長、作者及李樹培醫生。

一九五六年作者主持養和醫院李樹芬院開幕典禮。

一九五八年作者於國際胸科研討大會上祝酒。

第六屆國際胸科會議於一九六〇年在奧國首都維也納舉行
（作者坐於前排左起第四人，穿中國袍褂者）。

一九六一年六月訪問美國芝加哥國際外科學院「榮譽堂」簽名時攝，
左為當任院長，中為秘書。

一九六一年香港大學舉行金禧典禮，宴會中作者與雅麗珊郡主握手留影。

一九六一年作者獲香港大學頒發名譽法學博士。

一九六二年元月十一日醫務總監麥敬時醫生巡視養和醫院留影。

一九六二年作者（右四）與弟李樹培醫生（右一）及曹延燊醫生（左一）攝
於養和醫院李樹芬院前。

一九六三年李樹芬醫學基金會成立典禮，作者與港督柏立基爵士等合照。

長五十六英呎之美國製遊艇「飛鳳第二」號。

「白璧」別墅及玫瑰園之一角。

「青璧」別墅泳池一角。

作者在家中留影

第二卷

在黑龍會的陰影下

第六章

天堂變成地獄

一、十年一瞥

　　自一九二六年至中國抗日戰爭（一九三七年）前夕，國內黨派鬥爭依然存在，國民黨北伐完成，並非意味內戰之終結。雖然，中國政府在混亂中仍力求進步與統一，民生經濟，亦於此十年中獲得重大之進展，在形勢上，吾人可以看到好景在前。

　　然而，蘆溝橋事變恰於中國內戰結束、社會趨向小康時發生。

　　一九三七年七月七日，日本在中國駐軍進侵北平附近之名勝地蘆溝橋，乃揭開中國抗日戰爭及世界第二次大戰之序幕。

　　這是中國近代歷史上一個重大的轉捩點。

　　是年冬，北平、上海及中國首都南京相繼淪陷。中國政府退至漢口；繼而再退至四川省之重慶市。一九四〇年戰爭進展期間，我國內陸與海岸之交通線，被日軍所切斷。然中

國軍民仍能在有限之外援支持下，繼續從事艱苦的抗戰。而世界局勢，亦於此數年之間發生了激劇之變化。

一九三九年，納粹德國元首希特勒挑起歐洲戰爭，英法等國受到重大挫折。日本利用此一國際形勢，與德國及意大利訂立條約，德意日三國建立軸心，並脅迫英國封鎖滇（雲南）緬（緬甸）路，企圖斷絕我國外援，欲藉此迫我國作城下之盟而結束戰爭。

一九四〇年九月，日軍佔領法屬印度支那（越南、寮國、束埔寨），亞洲形勢，已瀕臨大變。

此時，中國抗戰形勢極為惡險，但中國軍民仍能堅韌苦鬥，在戰場上撐持。

在這一緊張時期，我正在各國遊歷。

當德軍侵入波蘭之時，我正在瑞典京城斯德哥爾摩。格於時勢，我匆匆返回香港。但是，戰爭亦未曾阻止我之旅行興趣，次年，我又乘當年太平洋航線最豪華之郵船加拿大皇后號，自香港赴加拿大之溫哥華。

這一次旅行途中，發生了一件故事，至今記憶猶新。

一日清晨，我正剃鬚時，吉立特教授與船上醫師忽然來訪，告以本船之大車（總工程師）突患十二指腸潰瘍，且流血不止，恐有生命之危。因為我是這艘船上唯一的外科手術醫

生，因此，他們來請我相助。

我隨他們到船上的醫院察看病者，發現病者已因流血過多而神色頹敗。在這種情形下，即使施行部分胃切除手術，亦少有安全可能。唯一急救之方法為輸血，幸而二伙（即副船長之助手）自願捐出血液。我用顯微鏡檢驗二人之血型，亦幸而相同，才急為病者進行輸血，但因船隻航行中震盪頗劇，雖輸血手術，亦無法進行，因請船長暫時停止航行。

這一次急救手術，順利完成，作為外科手術醫生的我，在旅途中偶然挽回了一個人的生命。次日，船抵檀香山，即昇病者登陸，入醫院救治。

船長因我的急救工作，設酒會表示謝忱，被邀參加酒會的，有頭、二等的全體旅客，在酒會中，我聽到了一些有趣的傳言——當船隻因我進行輸血手術而停航時，有人以為遭到敵國潛艇的侵襲。甚至，有一位旅客揚言見到潛艇的潛望鏡在水面移動云。

這是戰爭中旅行的一段插曲，而當時的太平洋航線，一般尚稱平靜。

至於我，因為一次簡單的急救手術，成了船上最受歡迎的旅客。

這一次旅遊回到香港時，遠東局勢，頗有山雨欲來風滿

樓之勢。香港政府亦預感到時局日急，也作種種應變的準備。當時的醫務總監司徒永覺（Dr. Selwyn-Clarke）發動醫務人員，預作戰時準備。

於是，我將養和醫院及全體工作人員與設備，自動供給政府，於戰爭一旦發生時，作救傷醫院之用。不久，政府派了八名內科醫生及十一名外科醫生參加養和醫院工作，我被委任為主任醫師。

二、凶兆

　　在敘述香港淪陷故事之前，我必需先指出香港的今昔。香港在第二次世界大戰之後的發展是驚人的。戰前，這是一個渺小的海島，如今已成為世界出名之商埠，亦為遠東主要之海空轉運中心。自一九三七年中日戰爭爆發後，香港人口由七十餘萬驟增至一百七十餘萬。這是現在香港的發展開端，而當時的人口增加，與一九四九年之後的人口增加，主因為中國大陸同胞紛紛來港避難之故。

　　日軍於一九三八年佔領廣州及華南沿海地區，並以部分軍隊駐於香港邊界。在形勢上，有伺機而動之可能。

　　香港居民，在此種威脅下，生活達三年之久。這是使人擔心和苦悶的日月，我們想着日軍可能侵港，但無法作任何底結論，因其時英日兩國外交正常，日本似無向英國動武之意圖。居留香港之英國人，則對香港之防衛，具有樂觀看法。事實上，英國在香港本島及九龍半島，已適當的構築了防禦

工事，似乎英人以佈防來表示必守此一遠東的要塞。而一般英人以為英國所顯露之決心，當能阻嚇日本軍之輕舉妄動。

在此一時期，我依然每逢週末到新界行獵，記得是一九四一年十一月間的一日，我偕同我的好友，當時任香港副警司之斯葛君，同乘遊艇飛鳳號前往將軍澳；次晨，於早餐後，我們攜獵犬登岸，從事狩獵。

那是晴朗的好天氣，甚至連獵犬也感到興奮，我們登上半山，獵犬已搜索得鷦鴣的巢區，我立刻舉槍發射，斯葛君則以攝影機為我射擊留影。

就在此時，一隊軍用飛機出現於天際，巨大的馬達震動聲吸引了我，我凝望着問斯葛君：

「這一隊軍機，好像是有任務地飛行，是嗎？」

斯葛君回答我：

「我早已得知，但不能預先相告，今天有加拿大軍一批乘運輸艦增防香港，此時所見的軍機，當是為這批加軍護航的。」

於是我們罷獵而登山頂，瞰望海港，其時，一隻巨大的運輸艦正駛入港口。

此時，斯葛君又告訴我：「這是唯一的增防部隊。」

在最初聽到有部隊來增防時，我有喜悅感，但在聽到這

是唯一的時，又因其少而感悚惶。

　　對於日軍是否會侵港問題，我的心情是矛盾，為了本身與當時環境，當然希望避免戰禍，但為我的國家計，日本侵佔香港的戰爭將是有利的，一旦香港被侵，勢將迫英國甚至美國，積極協助我們抗戰。

　　此時，中國獨力抗戰，已支持四年之久，對外的主要交通線，均已斷絕，我們迫切地需要並肩作戰的同盟戰友以及物資援助。

　　我在胡思亂想中回到遊艇，斯葛君在艇上寫信給他已歸國的美籍夫人。他隨便談着英國人在香港的眷屬事宜。由於一船增防軍，使我聯想到可能戰爭已在不遠。

三、閃電襲擊

一九四一年十二月八日（西半球時間則為七日），日本發動閃電式的進攻，侵襲香港；同時大舉轟炸美國太平洋海空軍基地珍珠港，以及關島，菲律賓、新加坡等地。上海的公共租界，亦同時為日軍所佔領。

第二次大戰的太平洋戰區戰爭，由此揭幕，日本於行動之餘，宣佈對英、美、荷三國宣戰[20]。次日，英、美、荷三國亦對日宣戰，澳洲與南美等國，亦相繼對日宣戰，世界戰爭，由此而全面化了。

珍珠港的被襲，美國蒙受巨大的損失，美國海軍艦艇，在港內排列而泊，竟在被突襲時覆沒。

這是美國人優越感下的疏忽 —— 記得一九四一年二月間，我出席在馬尼剌舉行的扶輪社大會，曾與一位美籍會員討論馬尼剌灣內美艦羣聚之事，我以為目標太顯了。這位美國朋友不加思索地回答我：「日本怎敢進攻美國兵艦？」

這種心理，應是珍珠港事件重大損失的原因之一。

日本飛機突襲香港之清晨，我正在養和醫院之宿舍中早餐，忽然聽到巨大的震響發生，首先，我意味到爆炸，到廊上察看，發現九龍的啟德機場區，為濃煙籠罩。我忖度這是空軍的演習。

我相信，當此時，除了政府的防衛當局外，一般人皆不會發覺日軍侵略香港已經開始。

隨着啟德機場的被炸，日軍兩師團，由中國邊境循陸路進攻九龍新界，那個區域的英軍在眾寡懸殊下無力抵抗而退卻，於是，日軍乃長驅直入。

中午，我獲得香港醫務總監司徒永覺的電話。他告訴我，香港已被侵略，進入了戰爭中。

敵人的到來太快，也太突然了，香港當局雖然早有了戰時部署，但無人能逆料戰爭是這樣開始的，因此，最早得知戰爭的，該是被炸彈所傷害的人。

香港的防軍在措手不及的情況下，失掉了與大陸毗連的九龍半島。其後，日軍以九龍半島為基地而隔海炮轟香港本島。同時，海空軍也出動進攻。日軍所襲擊的目標相當準確，那是日本早有圖謀，在戰爭發生以前，偽裝遊客的日本間諜，已取得了必需的資料，繪成圖表。

九龍半島的全部淪陷是十二月十三日。此時，日軍向香港總督楊慕琦爵士發出最後通牒，脅其出降，而被香港總督拒絕了。

於是，日軍對香港本島之進攻，益趨於猛烈。

這時，隔海炮戰極熾——香港防衛軍以九龍碼頭及倉庫屯儲軍用物資極多，為避免敵人利用，集中火力轟擊；而日軍炮火則集中於銅鑼灣之油庫等目標。

當油庫燃燒，濃煙瀰漫全港之時，日軍遂藉以渡海，作敵前登陸。

日軍首先登陸之地點，為香港本島東陲之鯉魚門，這是香港與九龍之間最狹隘之海峽，兩間相距，僅約五百碼之譜，該方面之砲台，先為日軍重砲所夷平，而日軍亦隨之渡海登陸，佔領此一重要據點。

於是，日軍再向香港總督發出脅令投降通牒，但仍為楊慕琦爵士所拒絕。

香港本島激烈之巷戰，於是展開。

救傷醫院之繁重的戰時工作，在戰爭發生之後即告展開，殘酷如地獄的場景，於是出現我眼前。

在戰爭中受傷的人，不但遭受肉體的痛苦，精神上也深受刺激。戰爭的恐怖，破壞了人的神志，在我的醫院中，因

戰爭而精神失常的人，屢見不鮮。如一日深夜，忽然有人狂呼救命，聲音尖銳而悽厲，我為這一呼救聲所聳動，急登六樓察看，那是一位女病人，由於恐怖過度而陷於狂亂。

在戰爭開始未幾，有一位護士，先是正常和熱烈地工作着的，但是，有一天，我發現她在病房中喃喃自語，而且是語無倫次。我調查結果，發現她的家人所居地區，遭受猛烈的轟炸，消息隔絕，而她每日見傷者源源入院，即景思亂，才至迷失。

還有，我的司機阿財，兼任醫院的購物員，在轟炸下，每天出外購取必需品，不久，他因受刺激而陷入混亂，又失去了記憶力，顯然，他所患的是轟炸震盪症。

這時，我的醫院中擠滿了受戰爭傷害的人 —— 關於此，當在下一節詳述，現在，先談談戰爭的情況。

從日軍佔領區逃出來的人，敘述日軍之殘酷行為，使人恐怖和憤怒難安，而在大轟炸下的香港，形似人間地獄，車經灣仔，親見屍體堆積如山，由貨車裝運往葬，我奇怪這些屍體何以無臭味發出，乃停車而往觀察，我發現這些屍體的足和掌，呈蒼白色，腿脛僅剩皮骨，這是餓死者，見之悚然亦復惻然。

由於炮擊與轟炸日以繼夜，居民多不敢外出，餓死的貧

民，其居處陋隘，屍體無法留於屋內和生人同處，因此，人們將死者拋於街頭，這是街道上屍骸縱橫的原因。

在當時的情形之下，棺殮是非常艱難之事。

在亞熱帶之香港，十二月間的氣候，有時亦會是相當寒冷的，飢餓者號寒，因而加速其死亡。此時，香港政府舉辦公共食堂以饗無食的貧民，先擬徵用一般餐館，但其容量有限，更且排隊者立於寒風之下，多有不支而倒地者。排隊費時，吃過一頓後而又須再排隊了。

這時，我出任糧食救濟委員，我們鑒於公共食堂欠周，大家商量，將食堂改設於各區之曠地，這樣可容納的較多，並可避免房屋受轟炸所遭致死傷。但是，我們的估計卻錯誤了，日本飛機對於曠地上的人，一樣施予殘害，因謀一飽的貧民，受到傷害，死亡的數目，可以百計。

疫癘總是隨戰爭俱來的，在香港保衛戰的最後階段，霍亂與瘧疾及其他的傳染病，可怕的蔓延着。對於醫生的救傷工作，增加了無窮的負擔。那時的香港街道，完全談不上有公共衛生，垃圾因無人清理而堆置於街頭，溝渠阻塞，污水四溢。到處都有腐屍，蚊蠅以此為溫床而迅速滋生繁殖。甚至在醫院的手術間中，也為蚊蠅之滋擾而損害到工作。

距離養和醫院不遠之黃泥涌峽，一條狹窄的通道，是連

貫香港本島南面的淺水灣與東面之跑馬地的要徑。這是香港防衛戰的最後據點。在這一區域的喪生者，有香港聖約翰救傷隊員多人。戰爭結束後，該隊在此地立碑紀念死難同胞，並以之誌日本人違反一八六四年日內瓦紅十字會條約。

日軍於攻取黃泥涌峽之後，即進迫金馬倫山（俗稱扯旗山），這是我一生中最直接地面臨戰鬥，我在我的醫院天台上，用望遠鏡即可看到雙方戰鬥情形。在山上的香港防軍，因不明日軍所在，炮彈每高越敵人陣地而遠落於後方。而陣地的日軍，則安然以待，未曾反擊。我估計，他們是在等天黑後才發動最後一擊。

那時，我持着望遠鏡，心情很衝動，我思考着如何通知防軍，但是，我所處的地方，已經陷入敵手，用電話傳消息，可能為敵人所聽取；派人送信，也不妥當；再者，醫院難免沒有第五縱隊的參入。倘若我的通傳消息事洩，後果就不堪設想了，我個人的生死在其次，醫院中的病人與全體工作人員，可能因此而蒙受大害。

終於，我在徘徊瞻顧中自我克制了衝動。

這一夜，金馬倫山陷落了。

四、在炮火下的醫院中

在戰爭發生前，養和醫院改為救傷醫院，已與政府有了成議，當日軍閃電式的進攻香港後，我們按照既定的計劃行事，病床由一百二十張增加到三百張；病房中僅留狹窄之走廊；單人病房，也增加到六張病床。

這是緊急應變的第一步。

香港戰爭展開之日，即有十一位中國籍外科醫生及八位內科醫生來報到。我已受委任為主任醫師，隨即分派外科醫師分為三組，每組由一位有經驗者負責率領。至於八位內科醫師，亦分組服務，擔任為傷者施用麻醉劑等工作。

養和醫院當時之護士長為加拿大華僑，領有護理學畢業執照，具有豐富的經驗。各護士單位的改組應變，即由護士長處理。其餘如辦公室、手術室、配藥室、檢驗室等處工作人員，乃至產房工人、花匠和其他雜役工友，都承擔了戰時的特殊工作使命。

戰爭中，送入醫院的人，多為流彈破片所傷者。初期，受傷不甚多，戰爭延續，受傷者的數量急劇增加，使我們的人力難以應付。再加病床不足，因此，有不少受傷者祇能置於床下。這時，入院登記處的工作，還要包括鑒別在內，視其受傷情形的輕重而分別先後救治。幸而各區之急救站給了我們必要的協助，每一受傷入院者，都掛有傷勢及受療的證明卡片一張，使我們的工作進行，方便不少。

凡是重傷送院的人，醫院方面總竭盡所能爭取時間為之動手術，但是，當時政府未設有血庫，自動捐血的人，可說完全沒有，逢到輸血時，就一籌莫展了。

由於醫院容量有限，一般輕傷者多於注射麻醉劑減輕痛苦及敷藥後使其返家，並囑於再來門診換藥，但因炮火不息，去後而能再來的病人，為數不多。

在戰爭中受傷者態度之良好，在我三十餘年之外科醫生經驗中，殊足驚奇者，他們身受殘害，熬忍着劇烈的痛苦，非但無怨言，甚且努力減少呻吟，耐心地等待醫生施救。而且，人類崇高的同情兼愛品德，亦在危難中表現出來。一個腿部受炮彈破片所傷，已血肉糢糊的男子，當我為他救治之時，他說：「醫生，在我旁邊的女人，腹部中彈……請你先救她……」

當時，我深受感動而至熱淚盈眶。

戰爭發展至第二階段時，我們的工作驟增兩三倍，而且，受傷的種類亦擴大了，除了為破片所傷者外，有為手槍子彈所傷的，亦有為槍刺刀所傷的。再者，受傷者人數，每一點鐘都在增加，不但屋宇之內每一處都擠滿了人，連花園中和車路上，也排滿了傷者，連救傷車亦無路可入醫院。許多受傷者躺在沒有遮蓋的草地上，而炮槍彈與彈交響，在他們的上面飛過。這一景象，至今回憶，猶歷歷在目——養和醫院的花園，曾經得到過十三次園藝獎，如今躺滿着血肉之軀。

醫院的紅十字徽記，並未受到日本軍人的尊重。養和醫院的屋頂上，添有兩個四十呎之紅十字，但是，養和醫院的牆壁、天台、窗戶、依然彈痕累累。我們的手術間本設於舊院的二樓，因該樓僅有三層，且地方窄小，如遇炸，不堪設想。因此，匆忙遷移，將我的私人診症室及毗連兩間改為手術間。這是在六層高的鋼骨水泥建築中，應堅固可靠，醫生在施手術時，可以安心工作。這三間新的手術室，前臨花園，後面山壁，過去是幽美的，但在炮彈橫飛之下，景況就不同了。我曾在這手術室中，拾到自窗口飛入的炮彈破片，如茶杯大，幾有一磅重。

這是威脅，於是，外科醫生在施手術時，祇能戴上鋼盔

了。自然，這是極不舒服和不方便的。因此，在進行小手術時，我們就不戴，遇到炮彈或炸彈在近處爆炸時，就高舉雙手蹲下 —— 因為雙手已消毒，不能再與地面接觸之故。

這形象是滑稽的，但在當時，則極其嚴肅。

戰爭的第一個星期，我們日以繼夜的工作，連吃飯的時間也儘可能縮短。但時間稍久，人的體力就無法支持了，不得已，我們分日夜班，輪流休息，手術室每天除了打掃之外，沒有空閒的時間。

生活在緊張、憂惶、困乏和勞瘁中。

為了工作，我留居在醫院內 —— 這是我所以能活到今天的原因。

我的家在香港南部，下臨淺水灣。由我的管家李爵留守。我家所在地，可以看到戰爭的雙方。李爵成了一個觀戰者，他時時用電話報告戰況。於是，有一天，我也想一觀戰火了，於是，我和內子馳車而返，在家中，我內子發現了一次使人毛骨悚然的現象，我常睡的床上，有彈孔兩處，其處正當我睡下時胸部地位所在！

日以繼夜地在醫院工作，可能救了我一命。

為了醫生的人手不足，我開始訓練護士用麻醉劑 —— 他們的學習進度敏捷，給予醫生們極大的幫助。當時，我們對

下體之受傷者，用上文提到的「三三三三」麻醉劑。此種麻醉劑適於初學之護士施用，且費用較普通所用笨重的「醚」（Ether）為廉。

隨着戰爭的發展，醫院的困難日益增多，當煤氣與電力相繼中斷後，我們無法使用 X 光機了。對於折骨或被槍傷者施手術，祇能在火油光亮下採用試探或開刀。

然而，醫生的救治工作，醫院的一切活動，都不能因此停頓或者減少。

由於無電，電梯不動了，要藉人力輸送病人上六樓，這是一項艱難的工作。再者，工具等消毒，也祇能改用柴炭，以至濃煙四起，大家都狼狽不堪。

還有，許多用具的缺乏，如施手術用的膠手套已盡，我們祇能採用「李司坦氏」時代的粗劣消毒方法，先將雙手浸入消毒劑內，再進行手術，至於病人傷口之消毒，因缺乏磺胺劑，盤尼西林也無法獲得，故祇能用加波力酸或尤勿蘭納（Euflavine）作為代替。這是不得已而致的倒退。但是，效力卻不差，傷口的復元情形，應該說是滿意。

我想這可能由於中國人比白種人對某幾類的細菌抵抗力較強之故。

五、生死之間十八日

　　當電源未斷時，手術室的電燈，日間亦開着 —— 加強室內的光亮，好讓遠處瞭望的日本人看到這是醫院。

　　這樣的舉措是好笑的，但當敵人不尊重紅十字會標記時，我們祇有盡人事來表現我們工作的性質了。

　　事實上，我們做法也有若干功用，在養和醫院附近，設於賽馬會內的一所臨時救傷醫院，因毗連印軍兵營，致成為炮擊的目標。

　　在十八日的戰爭中，除了上文曾提及的金馬倫山之戰外，我們還能自醫院天台看到日軍進攻大潭峽、渣甸山、禮頓山等地。香港防軍在醫院之一面，日軍則在其後，攻守雙方的炮彈都在我們屋宇上空飛過。因此，我們的醫院隨時都有被流彈所毀的危險。再者，在醫院右首，印度墳場中，香港防衛軍曾設有高射砲陣地，這是重要的軍事目標，和我們近在咫尺間，因此，戰爭十八日，我們可以說處於生死之間。

在戰爭期間，香港與外地聯絡，除了無線電外，已完全隔絕；即使是無線電，亦受到日本人嚴重擾亂，他們不欲港人獲得戰爭消息。但是，我們仍竭盡其所能自收音機獲取消息。每人俱作努力，於吃飯時交換消息，我們期望着反攻之訊，然而，從收音機中所得到的，祇是日軍處處獲捷的噩音。

在戰爭中的一天，我曾為尋求消息而至中區，訪問副警司斯葛。其時，中央警署已被炸毀，遷至告羅士打酒店辦公，斯葛君忙極，我等了很久，未能見，直到我離去時，在樓梯間相遇，我脫口就問：

「有援軍來否？」

他搖搖頭，慘淡地相告：

「你記得那次所見的加拿大兵船嗎？這是唯一的。」

我為之黯然，在回歸醫院的途中，我有了沉落之感──香港孤軍抗戰，雖然民心士氣可用，但是，眾寡懸殊太遠，又無海空相助，這能支持多久呢？

由此，我想到香港的淪陷，祇是短暫的時間問題。

在生死之間的十八天，香港軍民，死傷纍重，但養和醫院的工作人員，祇有數人輕傷，唯一重傷者，為一位姓鮑的護士，她在花園中受傷。那時，我正在園中指導清理工作，忽然有炮彈一枚在空中爆炸，破片橫飛，射中了這位護士，

我聽到她的慘叫，一看，她已滿身鮮血。連忙上前扶持，即入手術間救施。從她的胸腹和腿部，共取出破片二十三塊之多。

　　鮑護士未婚，生命幸獲保全，但是，身上已疤痕纍纍。

第七章

勝利者

一、恐怖的三日

在香港淪陷的前一年，我已獲知日軍的殘暴和滅絕人性。曾經有一位白髮老人，偕同其妻女到我處求醫。那位少女祇有十九歲，容貌和身材都不錯。他們告訴我慘痛之經歷。

老人原為澳門附近一個村中的米店主人。日軍攻據該村之後，有兵士數人進入米店劫掠，且將少女當其父母前輪姦。

那位少女經過檢查，已有孕，且有兩種性病。性病是容易治療的，但是，有孕卻無法可想了，依照英國法律，無論在任何情況之下，都不許可墮胎。對之，我愛莫能助，祇能任令其孽種留存。

這是我首次所接觸的日軍暴行。自然，這不過是一個開始而已。

香港淪陷了，最初的三天，是居民最恐怖的時期。

作為勝利者的日軍，在香港土地上的第一幕是耀武揚威的勝利遊行。在刺耳的鑼鼓喇叭聲中遊行的軍人以中國語大

呼着萬歲；但是，在路旁看遊行的人，少之又少。

在最初的三日所謂慶祝期間，日本軍人在各處高視闊步，無惡不作 —— 有時攔住自用汽車，強迫載往各處遊覽，光顧商店，類皆強搶，商店已關門者，大多被破門而入，從事劫掠。

在這三日中，我們作各種應付環境的準備，據説，日軍看到穿制服者，即加殘殺。我們便將醫院中所有的鋼盔拋棄，有反日嫌疑的文件，亦皆焚毀。慘淡的現實已經降臨，我們不得不求適應的了。

對於日本軍人，我們祇有憎恨。

一般來説，軍服令人興起英爽之想，但是，日本兵的粗劣黃斜紋布制服，配以他尖尖的軍帽，毫無英爽感。日本人天生身長腿短，兼以起坐方式而致的兩足向外彎，再加小腿的綁腿布，初看，好像臀部將墜地。至於軍官的制服，質料雖然比較好，但也不見得美觀。

日本陸軍所配的槍刺刀甚長，可能用以補救其身材之矮小，軍官佩有長而笨拙之指揮刀，和他們的身材是很不能相稱。可是，日本兵所用的步槍口徑都很小，不及英美軍人所用的大。

這是在香港淪陷之初所得的一個印象。

一九四一年聖誕節後一夜，養和醫院對面的山光飯店，

集合着一批日本兵，我們從醫院中可以望見，他們在大吃大喝，狂歌醉舞。

這樣的光景，在香港每一個區域都可看到。大約日本的司令官允許部下如此。在醉後那些形同禽獸的士兵便四出搶掠、強姦和殺人了。

深夜，救命之聲此起彼落。還有人敲擊鐵罐求救，但是，在敵人的淫威之下，手無寸鐵的人民，又有誰敢出面幫助自己的同胞！

我默坐在醫院的宿舍中，聽着凄厲的呼救聲，心中如焚，知道這是我的同胞，如今正受着外族的侵凌與荼毒。

然而，我心極為沉痛，我們國家因內亂而遭致外患，因不自求進步而為人所侵略呀。

就在這一夜，日本兵也光臨到我們醫院了。

夜班的職員來告訴我：有幾名持槍的日軍，強行進入醫院，搜尋護士。我立刻命年青的夜班女護士退避，而進入的幾名日兵，以無所發現而退出。不過，這一滋擾使醫院中所有的人都緊張起來。

我思索着應付之方，偶然，我想到了日本人「大東亞共榮圈」的口號，在這一口號下，他們為了誘引印度，一般地表現對印度親善。這雖然是策略之一種，但當危急時，我祇能將

計就計地運用了。

我召集院中看更的印度人三名，囑咐他們，如有日兵闖入，即尾隨不捨，並設法阻止他們施暴。

半小時後，又有兩名日兵由新院方面越牆而入。那三名印度看更人如我所囑，上前周旋。兩兵士拔出刺刀相恐嚇，但是，那三名印度看更人合十拜禮，並不退開，隨着日兵而行。最後，日兵入內室，向一名職員索紙筆，寫了「護生」兩字，那職員告訴他們，所有女護士皆已回家，兩兵才悻悻然而去。

第二天上午，醫院中的女護士每個都面無人色了，她們中有人告訴我，假賽馬會而設的臨時醫院，有幾位外國籍的護士，不論年齡，除及時逃掉者外，皆被日軍姦污。

我想到昨夜的際遇，為之不寒而慄。可能，那三位印度看更人拯救了我們的護士。

關於日軍強姦和輪姦事件，我已聽之甚多，在我國沿海各地淪陷區中，日軍姦淫的獸行，即使以十萬宗計，還是過低的。中國婦女的貞操觀念非常強烈，有許多人為保其貞潔而死，有許多人因抗拒而被毆傷，更多的人受此屈辱而忍氣吞聲，羞於告人。在香港淪陷之後，我們醫院診療在強姦事件中致傷或成病者，為數亦不少；受害人的年齡由十餘歲至

六十歲以上為人祖母者均有之。我親自看到：因抗拒被姦而致的傷者，有的牙齒被擊落，有的鼻樑被擊斷，甚且有身中刺刀數處者。有些被姦者懷孕了，有的流產，也有誕生孩子的 —— 當時，日本軍官曾經宣佈，日本政府將對那些孩子負責。這自然是一句空洞的語言。

中國婦女在抗戰中，遭受了歷史上罕見的侮辱與損害。

二、記總醫官江口上校

　　三天的勝利慶祝之後，日本佔領軍當局開始管制軍隊的行為——那是防止士兵酗酒打鬥而出事。同時，也為了安撫被佔領區的人民。

　　自然，佔領軍當局的整肅軍紀，仍祇是表面的，日軍的暴行，僅由公開而轉向秘密而已。

　　一日，我施行一次手術方畢，我的弟弟樹培忽然到來，他告訴我副醫務總監華倫天醫師來電話，謂即偕日本陸軍總醫官江口上校來訪。

　　我更衣而待，忖度着一項新的際遇。不久，我自窗口看到一輛黑色的英國製的汽車停下來，兩位客人下車，有兩名衛兵隨之下車而立於車旁。

　　華倫天醫師為我介紹這位佔領軍的總醫官，江口先向我行軍禮，然後，雙手奉上他的名片。

　　我們相見時談話，是屬於語言問題的，江口先問我：

「李樹芬醫生，你能說德語嗎？」

我表示不通德語，反問他是否能講中國話。

他不能說中國話，再表示以英話拙劣而致歉 —— 這是相見的序幕。我應該先描繪一下我第一次正式接觸的佔領軍官員：江口上校四十歲左右，身材短小，留鬍，作希特勒式，軍衣很挺，上面滿綴勳章和獎章，腰間佩劍，皮靴，白色手套，似乎有故意裝作出來的精神奕奕或者威儀。

我們在初見的寒暄後，由護士長林女士奉茶，江口很有禮貌地與林女士交談數語。而在此時，華倫天醫師即告我他們嗜酒，最好能以威士忌待客。

於是，我以黑牌「獲克」相待，江口上校見了酒，神色為之一變，他那傲岸的容貌消失了，在一轉眼間，把我當做朋友。不久，他說：

「李醫生，我在廣州時聽說你是香港第一位名醫，我奉本國政府之命，照顧閣下。」

我祗能向他致謝，以等待他的後命。江口仍然作客氣語，向我表示欽佩，並且說出昔日有不少日本人到過香港，也曾向他報道過我。最後，他大笑着：

「那時候，我們着便衣來此地，現在是着軍衣。」

—— 這當然是暗示他們的間諜活動。

此時，林女士又為他們斟上一杯酒。華倫天醫師向我說：

「上校希望和你密談。」

於是，我請護士長退出，並關上了門。

華倫天笑着向我說：

「現在，我們可以談女人問題了。」但接着，他又向我暗示，在江口上校面前，最好用別的詞句來代替強姦一詞。

我在稍後始得知，日本佔領軍當局，曾就強姦問題舉行會議，決議交由江口上校處理此一問題。

當我們之間密談開始不久，江口就直率地對我說：

「我需要五百名女子，請教我向何處去找她們呢？」

此時，華倫天醫師還作一個註解：江口所謂的女子，是指娼妓。

我告訴他，關於這一問題，實無能為力。同時，我也向他解釋，英國遵守日內瓦禁蓄奴條約，不許有公開的娼妓，香港自然有妓女，但都是私營的，要正式找尋五百名娼妓，至少，在我是非常困難的。

江口上校對此似已有相當研究，他舉出灣仔區和西環，並有將之劃為妓區的計劃。他又對我說：這是一個迫切的問題，必須急予解決。

他暗示我，祇有設立妓區，有妓女供應，才可使良家婦

女免於被滋擾。

我婉轉地反對將灣仔和西環兩地劃為妓區，我告訴江口上校這兩地雖有私娼，但良家更多。同時，我建議向廣州方面要求妓女供應日軍需要。

江口最初表示同意向廣州取材之建議，但是，不久又表示此一作法並不妥當，隨後，他取出香港地圖，希望我對灣仔建娼區提出區分的意見。同時，他又自行提出對日軍強姦事件的遺憾。

——在這些談話中，江口上校表現他是一個有高深教養的人。

我無法在娼妓問題上提出具體的意見，我很希望他在設立妓女區時，着意於保護區內的良民。

關於此點，江口上校慨然允諾。

之後，當初次會晤結束，我於送客時婉轉地請其設法保全本院護士。

江口對此已預有準備，他命衛士自車中取出兩張告示交我，告示內容是說明此是醫院，禁止侵犯，上有日本天皇印璽，而且已填好了養和醫院名稱，我為此而向他致謝。

這兩張告示，我將其一貼於閘門外，另一貼於屋宇的入口處。

告示的效果很好，之後，每逢夜間有日兵闖入，看更人

用電筒照着告示，日兵就默然而退了。

在此，我要附帶說及：華倫天醫師的獲得自由，並非日本人對他有特殊之處，祇因在交替之間，日本人需要一些英國的技術人員相助，在初期的工作完成之後，這些被利用過的人就會被押入集中營，或者被殺。

三、劫掠

　　我在淺水灣道的家，在戰爭中曾被徵為英國軍官宿舍，園內且曾設有高射砲位。

　　當香港淪陷之後，經過了初期的大混亂，我們想到家宅了，內子欲回去看看，我與之偕行。

　　這也是我在香港淪陷後首次接觸市街情景。

　　從養和醫院出來，首先，我看到賽馬會的屋宇，破壞甚重，至於路面，到處都有炮彈所造成的洞穴，垃圾與電線交錯於街道，呈現了戰後的零亂與瘡痍。

　　司徒拔道與皇后大道東交界處，曾經有過劇戰，此地，有日軍的臨時要地，在司徒拔道口，亂陳着十數具屍體，已腐爛而有惡臭。

　　我家建於一座小丘之上，有一條私人的道路和大道相連，在這一條小路的路邊，有一具着軍服的腐屍在，我初以為是印軍的遺體，因其面部甚黑，但近觀則知是英軍屍體，面部

的烏黑，由於腐化所致。

我家的牆壁曾被炮轟，有纍纍的彈痕。前門已毀，花園中則佈滿了英軍所棄的物品，軍服、靴、電池、子彈、水壺等皆有之。還有，我們屋簷所蓋的綠瓦，也為炮彈所毀殘。

我們入屋時，有兩名日本兵正在屋內竊取物件，我以手勢向他們表示屋主身份，這兩名日兵乃惘惘然而去。

現在，我們能檢視我們的劫後家宅了。

這一區住宅，是長期租賃的，在戰爭發生之前十二天始裝修完畢而遷入。十八天的戰爭，使我的家宅完全變了樣子。

那是比強盜劫掠還要徹底的洗劫。

我們的傢具凡有套墊的，都被前後割破了 —— 這大約是搜尋紙幣。我們所儲存可供數月食用的罐頭食品，完全失蹤。在樓上，地氈離開了地面。我家有一口防火的大型保險箱，也已被撬開，其中的首飾和約二萬元港幣的現金，都不見了。

其次，我的圖書室內所有的書籍，亦蕩然無存—戰後，我回到香港，曾在著名的專售盜竊品的白地市場發現了我的一部分藏書。其他的一部分，落入香港大學圖書館，後來，香港大學將之璧還。

這就是我家的劫後光景了。

我們夫婦對此悵然久之。

但是，在大劫中，卻也有漏網之物—我在下樓時，忽然發現我收藏的一具青銅戰鼓猶存。

這一具青銅器時代的戰鼓，有二尺半直徑，在古器中，是大器，價值甚高，相信，那是日本兵不認識它，才獲留存在。

除此之外，另外留有兩物，對旁人是並無特殊意義的，但在我，卻彌足珍貴了。一是：一具身重一千四百磅的北美鹿頭顱標本。角長四十八寸，分十一支叉角。此為一九三八年 [21] 我在加拿大度聖誕節時所獵得的紀念品—直至今日，這具鹿頭仍懸掛於我家壁間。

此外，是一具用象腳製成的字紙簍，存於凌亂的雜物之間，那是我在越南狩獵的收穫。

我摩挲着銅戰鼓，也觀覽着我的獵獲物，此時，內子匆匆自下房來，她告訴我，僕傭皆不見了。

這是出乎我們意外的，照我理解，敵人既不在港南登陸，留守在此地的傭僕，應該無恙。然而，看那時的光景，他們的安全大可慮，我祇能為他們祈禱。

這一項擔憂，到第二天就解除了。

我的管家阿爵、廚師，兩名園丁以及傭婦等，都來到了醫院。他們的形容枯槁，而且萎頹不堪。

據阿爵報告經歷，駐在我家的英軍官，曾經抗拒侵入的

敵軍，使日軍受到損傷。我家僕從被俘作苦工，為日軍事搬運之役，並受毆擊，幸而獲釋放。

阿爵繼續說日軍搜掠我家時，有一名少將級的軍官在，這人對於我收集的獵槍極有興趣，對於藏書也似有些認識，連我的著作草稿在內，皆由彼用貨車載運而去。

對於家宅的被劫，我的心情很複雜。我家原住於市區，可以俯瞰港口的住所，環境甚好。由於我的母親去世，我在舊宅中，每興睹物思人之感，為轉換環境計，乃經營淺水灣道的居處作喬遷之計。

我的母親是仁慈而堅毅的中國傳統女性，她也是愛國者，於戰爭發生之前數月逝世。我傷痛慈母見背，但想到她能避免敵人入侵時的浩劫，在傷感中，亦差堪告慰於九泉矣。

家宅被劫之後，對我的現實是有影響的，由於現款失去，對醫院中各種支付，發生了問題。

當戰爭發生之前，我為慎重和應變計，將銀行保管箱中所存貴重物件取出，一半貯於家中，一半貯於市區的醫務所內保險箱中。同時，我在銀行提出了兩萬元現款，又向我婿郭琳弼君借了兩萬元現款，亦分貯兩處，以防在必要時應付開支。

在家宅被劫之後，市區醫務所也隨之發生了問題。

醫務所的職員到養和醫院來告我，日本憲兵到來，強索鑰匙，並迫令留守諸人離開。

我以為來者既是憲兵，可能為借地暫駐，大約不會有劫掠之事發生，但是，我的自信不久就完全破產。

那是為了養和醫院申請購米時，發生了圖章問題，日本軍方認為申請書必需圖章，簽名無效。無可奈何，我祇能在設於中區東亞銀行大廈四樓我的醫務所去取圖章。

東亞銀行大廈門前有日本憲兵守衛，我請見他們的隊長，通過翻譯員，說明了我的來意。但是，那憲兵隊長拒絕我入內。我再加註明，申言如無圖章，不能購米，數百病人，行將餓死。

這樣，我獲得進入，那位隊長申言，許我以五分鐘時間去取圖章。

這一時間限制使我感到驚異，待登上四樓，我發現我的醫務所已經面目全非。室內凌亂不堪，空罐空瓶，亂陳於地，而最使我吃驚的是，那隻保險箱已不見了—箱內有二萬元現金及首飾鑽石和產業契據等物在。

同時，我又發現我的辦公桌也不見了，再入配藥室，所有貴重藥品，也被掠奪一空。

至於秘書室內，文件櫃已大開，紙張滿地。

這是在我意料中事—在香港淪陷之前一星期，我已為此而有所安排了。我忖度，日本人可能會因我與當時行政院院長宋子文博士的密切友誼而搜索文件，或圖加罪。因此，那時就與我的秘書顧亭芝女士，從事焚毀信件，凡在重慶的友好來信，皆行焚去，其中，包括了孫中山先生、宋子文博士、吳鐵城將軍、陳濟棠將軍等人的親筆署名的相片在內。其中，中山先生的相片被焚，最使我惋惜。幸而，我還別藏一幀孫先生與夫人合影—那是孫先生在北京入協和醫院施行手術前所攝的。

　　醫務所的情形使我憤怒，我抗議，那些日本憲兵極為狡猾，他們宣稱，我的保險箱於戒嚴開始前即被搬下樓去。

　　我無從投訴。祇能強抑憤怒而接受此一戰爭的現實。

　　市區醫務所被洗劫，已證明了香港每一個地區都遭受了同樣的遭遇。

　　此時，銀行尚未開業，市場混亂已極，我的管家阿爵告訴我，灣仔一個地攤上，有我被劫去的鞋在出售。我將之購回。還有，醫務所被劫去醫療器械，也發現有在白地市場出售的，遂設法將之購回。

　　這是我所受到的劫掠。

　　至於因劫掠而起的殺害，我也很快地接觸到了。

有一天，數名重傷者被送入養和醫院，他們所遭的傷害，是腹部被刀所刺剖，這是殘酷的損傷。

　　傷者中，祇有一人尚能言語和可以救治，據他講述經過說，一羣日兵於進入藍塘道一屋掠奪時，忽然有人放槍射擊日兵。於是日軍拘捕該鄰近各屋所住男子共十二人，迫令交出兇手，但無人得知。

　　於是，日兵迫十二人立於峽谷上，各以刺刀刺殺，然後使之滾下陡坡。

　　十二人中，有當場被刺死的，亦有墮下而重傷畢命的，其餘的於事過後經人送來醫院求醫。

　　這是一宗。

　　又有一宗是一位佛教的紅卍字會派信奉者。他住在養和醫院對面，此人中年，甚肥胖，當日本兵進入搶掠時，他赤身坐椅上，如佛像之盤坐，手持紅卍字之神聖圓盤──紅卍字派約於三十年前創於廣州某佛寺，為一名方丈號鐵禪者設立，以紅卍字為會徽，徒眾經過一個時期的學習，就取得僧人資格，領長直徑約三寸、鑲有紅卍字及經文之圓盤，他們認此有驅邪降魔之功。有一個時期，信奉者頗眾。

　　那位胖信徒在劫掠者入屋時，口中唸唸有詞，他的家人僕婢皆立於其身後。此人轉動神聖圓盤，以為可驅日兵，結

果，日兵的刺刀刺入他的腹部，表現了太和民族的切腹，但是，那是殘殺他人。

結果，這位信徒死了，他家被掠一空，婦女且受強姦。

又有一宗發生在晚上，我接到一個電話，對方在電話中向我說：「你快來，你的朋友陳先生發狂了。」

這是因劫掠而致的悲劇。

據那位陳先生的妻妾輩相告：日兵進入，將陳君綁縛於柱上，並以火油淋其身，接着，以手電筒於其頭上照射，迫其交出保險箱之鑰匙。

陳君在無可奈何中交出。任日兵搜刮而去。經此一幕之後，陳君因精神受打擊而致狂疾。

我去診視，發現這樣的病狀並非藥石所能治療的，我反復慰勸，後來，想到了陳君為一先進的銀行家，平素生活養尊處優，今日已被洗劫，可能為生活發愁而不能自解。於是，我告他，養和醫院有米，可以送兩包給他，陳君聞言，神志稍為清醒，後來，我又問他，是否需錢用，他木然相告需要三千元遣發家人往上海。

那時，我尚有多少現款，存於養和醫院，以備急用，當時，我允承借給他。次日，錢米送去，陳先生的病也不藥而癒了。

四、東洋化之區

香港的灣仔區域，在淪陷之前即有日僑居留，香港淪陷之後，此地迅速東洋化了。

江口上校的娼妓區域計劃，被迅速實施以及發展，當時，他提議以五百名妓女作為日本皇軍洩慾的工具，但在實際上，他的計劃遠較他原來的為龐大。

現在，經過灣仔的人，大約不能見到那時的風貌了。在當年，灣仔被打扮成一個日本化的市區。

這一區域比較新式和考究的樓宇，被用為妓院或酒館餐室。所有這些店鋪及妓院的格局，全採日本式，如用紙窗、松木、燈籠等，還有最觸目的是到處高懸着日本國旗。

驟然顧視間，會疑心灣仔區是一個日本城市。

至於妓女的人數，應該以千數來計算了 —— 日本人對經營妓業，似乎很有心得，據說，他們除了就本地招來妓女外，並自近鄉及廣州招至，而且，也有自日本本土來的妓女。

顯而易見地，日本人把香港這個交通樞紐之地，改作了皇軍慰安所，人欲橫流的淫穢地獄。

同時，日本人在為自己的軍隊設計之外，還着力於麻醉佔領區的本地人。

香港的西環石塘咀，昔日為主要的娛樂區，著名的酒家集中於此。這一區域，隨着城市的發展，現在已經式微，但是，此地卻標註着香港早期的繁華。日本軍進佔香港後，將這一個地區發展為中國人的娛樂區域，和灣仔相對而成娼妓的集中地。

石塘咀的娼妓以供應中國人為主，規定夜度資為十元。這時幣值已降，這一個數目，連普通的苦力都能負擔得起的，這一區域的妓女，需佩帶娼妓證，且不許到區域之外營業。

如果用等級來劃分，西環次於灣仔區。

隨同着下級妓院，低等的酒館和賭場也應運而生，漸漸地，賭場的數目越來越多。再者，在日本佔領軍的鼓勵之下，吸毒也公開了，石塘咀成了吸毒的中心。

在短促的時間中，香港出現了畸形的繁榮。

這種發展，是日本人用以毒化佔領區人民，使之消除鬥志。

有一天，我在灣仔的中華旅館門前，發現我們失去的救

傷車。我查問，得知此車已為旅館所有，便入內訪他們的經理，希望得回失車 —— 這輛車，是養和醫院向東華醫院借來用的。

旅館的經理在四樓，我上去，發現走廊上有許多年輕的妓女。我為之愕然，同時也立刻意識到這是妓女的大本營了，此時，一名年約三十，衣服頗華貴的青年男子上前，我告以自己姓名，此人向我一揖，連稱久仰。我問他是否旅館經理，他搖頭。他說是由醫務部派來此慰安所當通譯的。我還記得，這人的名字是林正富，台灣人。

於是，我提出了救傷車問題。

他辯稱此車為九個佩有紅十字會臂章的人用作劫掠，他們光顧一家受保護的商店，因而被扣留。接着，他補充說明江口上校正在調查此事。

他的說明，當然不會是真的，但在那樣的環境下，我無法和他爭辯，即使爭辯，也不可能有效的。於是，我又問他，旅館要此車何用？他說是載運妓女至香港大學檢查的。接着，他推卸責任，謂我如欲取回該車，可以向江口上校交涉。這樣，我知難而退了。

但是，這一次交涉，偶然給了我觀察妓院的機會。在下樓之時，我看得較為細心，我發現不少日本兵在。估計，濃

妝豔抹的妓女，約有二百餘人。

這一家，當是普通的供日本士兵洩慾的妓館。據說，為日本高級軍官而設的妓館，與此不同，其中最佳的是在半山區的「千歲館」，有日本藝妓院的風味，當時，我聽說過一個千歲館的故事，有一夕，當燈紅酒綠之時，忽然有一頭猛虎闖入，那些參與歡宴的勝利者，悚然不知所措，那頭老虎徘徊片刻始遁去，不曾傷人，後來，日軍組織狩獵隊，但無所獲，結果，為一印人將虎擊斃。

除了慰安所之外，在香港中區，還有比較高級的舞場，那是日本軍官光顧之處，舞女一樣會被迫出賣色相。私生子與性病蔓延着。

聲色之娛雖然如此之盛，但是，香港的良家婦女，依然有遭遇強暴的。也有不少為利誘而失身的。還有不少女子由於物質的極度匱乏而與日本軍官往來，以求取糧食等。

有一位混血女郎，她的哥哥因肺病住在養和醫院，她為了籌措醫藥費而入九龍一家小餐館為女侍，其後為一日兵強姦，染上了兩種性病，也入養和醫院治療。她的哥哥得知此事，悲痛填胸，因而逝世。

這種悲劇，在淪陷區中是司空見慣的。

五、一九四二年之孽種

　　在救傷院的業務結束之後，有一個時期，我們忙接生，一天晚上，我在接生之餘，看日曆，已是一九四二年十月，離開香港淪陷，已九個多月了。

　　一九四二年的九、十月間，香港嬰兒出生率，有不正常的增加。

　　而且，這也是由不正常的關係而誕生的。

　　這一時期所誕生的嬰兒，有許多是敵人的孽種。

　　入院的產婦增加我們許多困難，我原擬限制，但是，我的限制不會有任何效率，不少孕婦的丈夫，是日本人或者台灣人，他們強橫霸道，根本不理會醫院的規例。

　　孕婦之來，多數在夜間，夜間戒嚴，醫務工作人員回了家的，無法再來相助。至於醫院護士，因日間工作過勞，很難再在夜間繼續工作。我於責任所在，雖然日間同樣勞乏，深夜亦不得不為難產的孕婦服務。

孕婦多數是先姦後婚的，她們中，多數鬱鬱寡歡，有着生不如死的感慨。祇有極少數知識水準較低的，相信她的丈夫會長期居留香港而對她及孩子負責。

　　同樣受敵人蹂躪和不得已而成婚的，一般皆以嫁台灣人為更賤。因為台灣於一八九五年被日本佔領，台灣人被日本人奴役，在日軍中，台灣人多數充當最低級的職務。

　　有一位產婦告訴我，她成為一台灣人妻子之經過，先是，她在槍口下威脅被姦，其後，該台人時時贈以糧食，終至同居，有孕了。她説：

　　「初時，我很覺難堪，但亦無可奈何也。」

　　我曾問她，如果有機會將如何？她指着初生的嬰兒，搖頭，低語：

　　「這是他和我的骨肉……」

　　這一句黯然的回答，表現了中國婦女傳統的宿命觀念，我為她們的未來，興起深廣和久遠的悲憫。

　　在繁忙的接生業務中，有時會迫不得已地放棄而從事另外的手術。

　　日本人是強橫的，他們輾轉而聞我虛名，常有強請我診治者，正當我要接生時，會被強請到別處去 —— 在這樣的情形下，我設想了延遲嬰兒誕生的方法，以適應特殊的環境。

那是為孕婦注射「保胎」（Pituitary Extract）或者用放瀉法。這樣可以使嬰兒延遲數小時誕生。當然這祇在不得已時採用，而且經驗欠缺的醫務人員，是不宜施用的。

為此，有一位護士笑對我說：

「李醫生，你不但是良醫，而且是超人，你改變了天意呀……」

—— 中國民間相信一個人的時辰八字，是天定，我設法延展嬰兒誕生的時間，在他們看來，就成了具有奪天地造化之功的奇能了。

六、賄賂

在淪陷時期進行事務，賄賂是必需的，也公行的。

日本人稱之為禮物。無論甚麼事，但有求於各個有關部分，就要先送禮。

當時，最吃香的禮物是：R.C.A 收音機、德國蔡斯廠的望遠鏡、亞美茄手錶、派克鋼筆、威士忌酒、三砲台香煙等等。

日本人從佔領中國沿海地區獲得經驗，對於受賄，既貪且狠，並能把握每一個機會。

還有，那是佯作講價購買，取得後就揚長而去。

我本身就有此種經歷，有一回，一名日本醫官來訪，見到我的顯微鏡，請我轉讓給他。隨着，一聲謝謝，攜之而去。

這是巧取豪奪之類。

此外，我還有過行賄的經歷——

香港淪陷後不久，電力就恢復了，日本人曾以此為誇耀，他們揚言香港的燈光，遠在百里之外亦可以看到，祇是，聯

軍無力向香港空襲。他們說：

「皇軍南及澳洲海岸，西向已抵印度邊境。」

這種誇耀，使我們傷感，但卻近於實際的。

重放光亮的電燈，由日本人與台灣人合組電力公司經營，規定了依用電力及燈泡數量而繳按金。這按金，將來自然是無法收回的。養和醫院電燈多，用電力亦大，按金多至數萬元。對於我們，這是過份沉重的負擔。同事們建議我去訪江口上校求助。

此時，欲求與江口上校相見，並不容易。我找到了他的台灣籍秘書，送了那位秘書一具小型的 R.C.A 收音機，他才許我入見。

江口上校和我初見時的情形顯然有了不同，他一足着拖鞋，一足赤裸，正以手指按摩足趾，見了我，傯懬地說一聲請原諒。隨即送上茶煙。我說明了來意，他爽快地允承，並即為親筆致函電力公司。

我持了此函到電力公司見經理，該經理說明公司是合營，不受政府及軍方管束。我反復陳情，結果，他說看江口大佐的面子，減少按金二百元。

我們變賣了醫院積存的藥物始能付出電力押金。

這是日本人的搾取。

日本人在淪陷區的統治，混亂無秩序，貪污事件，更是上行下效，層出不窮。我所見到在淪陷區的日本軍政人員，多數是貪鄙和好酒色的。舉例來說，日本海軍官員及海員，由越南運私米入口，在黑市出售，以朝鮮人為基幹的販毒和人肉市場，政府專利管理處僅給下屬微少佣金，其公款大部分被侵吞。

　　此外，浪人和軍方勾連，向各商店索取保護費，否則，從事搗亂和搶掠。

　　每一個機構都利用職權而貪污舞弊。而衛生署的職員作弊斂財的方法，每三個月即強迫居民注射霍亂預防針和種痘，每次收費若干。還有，用檢疫而事需索，我有一位朋友，年屆七十，因商務赴廣州，被衛生檢查人員檢查肛門，謂帶有霍亂菌，宣佈扣留，這人送上三百元，乃獲得通過。

　　貪污較巨的日本人，多有化名購入香港產業，一時且蔚然成風氣，政府不得不訂出條件，凡購售產業在二萬元以上者，需向總督申請。需獲得批准始可交易，由此可見貪污風氣之盛了。

第八章

在太陽旗下

一、集中營的生活

　　納粹德國將猶太人關入集中營的故事，我曾經在報紙上看到，廣播中聽到，當時以為人間祇有希特勒及其黨徒是如此殘暴和滅絕人性的。然而在淪陷以後的香港，我目睹了日本人所設的集中營，其殘暴與人性的喪失，想來必不會不及納粹德國的作風。

　　現在時移事易，但是一經回憶到當年集中營的往事，我仍然有無比的悲怒。

　　集中營開始於香港陷落後的次日，日本軍方即命令所有的外籍居民，集中於瑪利操場內。

　　這是亞熱帶的寒天，外籍居民，扶老攜幼，提攜自己的行李與糧包，立在空地上，於寒風凜凜中等待勝利者來決定命運。

　　除了瑪利操場之外，滙豐銀行對面之香港木球場，集中部分被俘的英國兵和中國籍的義勇軍。這羣人比瑪利操場的

外籍居民更加狼狽。他們經過了苦戰，多數疲憊不堪，有不少人體力不堪支持，躺在地上，有些人坐着，垂頭喪氣。

日本軍方對戰俘的處理很快速，他們登記了各人的姓名，點名之後，就將之押赴深水埗的集中營。至於其他英美籍的居民，則分別押送到赤柱及北角的集中營中。

前面所說，集中於瑪利操場的外籍居民，除英美籍外，其他中立國國籍者，皆獲釋放，而且英美籍人，如與中國人結婚者，亦不必入集中營。

我的職員中有一位愛爾蘭籍的女士，她嫁給了中國人，已生有子女兩人，她本可不必入集中營的，但是她害怕在外面受凌辱，自願入集中營。

此外，我的女秘書，其寡母為愛爾蘭籍，我為她寫了一封證明信，居然有效，可以不入集中營。

集中營的初期，以赤柱的而言，待遇還不算太壞，據我所知，他們被囚禁於聖約瑟 ㉒ 校舍內，樓宇寬闊，且有廣大的操場，戰俘有相當的活動空間，可以作種種體育，如組織足球隊等。

赤柱集中營中的人，每星期可接受營外親友代購之包裹——以食物為主。富有者亦可購入各種罐頭及香煙糖菓與咖啡等。

不過這種好日子立刻就過去了，一因市上的物資日漸缺乏，一因集中營中人私有現金已用盡。

在那個時期，集中營的生活開始艱難了，營裏的人在不得已下向外求助，我也曾竭盡我的能力以協助營中的友人，幾乎因此而遭到不測之禍。

先是，副警司斯葛君命人持滙豐銀行之支票五百元來，請我為之兌現。而此時，滙豐銀行已被沒收（敵產），所有存款皆被日本人所凍結。在集中營中的斯葛先生，不知道這一項發展，我體會到他的困境，設法相助。其後，又有一些朋友托人帶信求助，結果，麻煩事惹上身了。

有一次赤柱集中營有戰俘數名逃出。日本人認為他們必有外援，從事偵查 —— 凡是送物品入集中營者，營方都有紀錄，我的名字自然也在紀錄冊內，而且是一個熱門的名字。於是，日本軍方將我傳去問話。幾經解釋，又因我實在並未與營中人有過勾通，幸免於受牽連。

但是經過了這回事件，日本軍方對我有了戒備，我對集中營內的朋友的濟助，也迫得中斷了。這是一件令我遺憾而又無可奈何之事。

時間的持續，使集中營的生活日益黯然了。戰俘們食物不足營養，許多疾病也因此而起。我的朋友，前香港防衛司

傅瑞先生來信告訴我，他的雙目已逐漸失明，體重減少了二十餘磅，他請我在可能時相助。同時，他又告訴我，集中營中，與他情形相似的很多。

我本身已不敢再觸犯日本軍方了，但是，在患難中的朋友的情形，又使我不能不伸手相助，於是，我請求我的女秘書代表出面。贈予傅瑞先生胡蘿蔔素，及含有維他命 A 的藥丸和魚肝油等，此外，又購了一小罐煙絲和毛巾等相贈。

這一次幸而通過，不曾有事。此後，我用同樣方法，贈送其他朋友以食物和藥品 —— 我的女秘書瑪格烈女士嫁給一位瑞士人，她具有中立國人的身份。

我正因有這一路而沾沾自喜，可是，麻煩又來了。日本軍方開始懷疑，他們以為她的月入有限，如何能不斷地濟助多名戰俘。

於是，瑪格烈女士被捕了，經過嚴訊，她供出了救濟品的來源。

這一回，我受到斥罵和警告 —— 幸而僅此而已。

不過，我的活動並未因此而停止，此後，我用另外的方法協助戰俘 —— 養和醫院時而被用為醫藥站，我們的藥品雖然缺少，但仍能挪出些來，我將之贈送給由司徒永覺先生主持的戰俘醫院。

司徒永覺先生，在前面曾經提到，他是介紹江口上校與我相見的人[23]。他在香港淪陷時期，曾經盡瘁於協助戰俘工作。

司徒永覺高而瘦，雙目銳利，鼻似鸚鵡嘴，他的外型，予初見的人印象不大好。他在擔任香港醫務總監之前，領有公共衛生專科醫師與法科博士銜。當他出任香港醫務總監之時，和香港的醫師間，就有了衝突，那時，他欲准許日本醫師在香港執業行醫。與其他在英屬獲學位的醫生同等待遇。此一提議引起了劇烈的反對，一來，日本醫師的學歷不一，再者，那時來港的日本人，多數是負有間諜任務的，因此，大家都反對。

當香港淪陷後，司徒永覺接受日本人委任而為醫務顧問，此事，使他受到香港人的抨擊，同時也受到英國本土人的不齒。

凡此，他皆無法自辯，不過，在香港淪陷之後的黑暗歲月中，司徒永覺先生與敵人合作的苦心，終於為人所諒解了。

他出任醫務顧問，完全是為了救助戰俘着想。許多受傷和患病的戰俘，受到他的照顧。不僅如此，他還協助中立國人士甚至中國人逃亡。在當時這是非常冒險的行為。然而，他日以繼夜的為此而工作着。忽略自己的健康，甚至沒有餘暇照顧自己的妻女。他每次見到我時，都向我索取藥物和日

用必需品，以助在患難中戰俘。這種捨己為人的態度，逐漸為人所知而贏得一致的尊敬。

在我逃出香港之前看到他，頭髮已斑白，背部彎曲，勞瘁之狀，非常顯着。至於他的夫人，那時服務於國際紅十字會充秘書，同樣具有崇高的服務道德而為人所稱道。

但是司徒永覺最後還是被日本人囚入集中營中了。

故事的發生如下：

一日，有人將日本軍用票三千元送入集中營，交予一位英國籍的醫師，為營內管理的日本人所截獲。他們揣度，此款必是用以越獄的。同時，他們又認為營內有了英國間諜。在重重的猜測下，他們疑心司徒永覺為英國間諜的首領。

於是司徒永覺被捕了，日本人雖然曾用他為醫務顧問，但到了這時，對他卻毫不留餘地，施予嚴刑，但是司徒永覺竭力否認為間諜。最後，日本人以槍斃威脅，他安詳地要求聖經一本，頗有從容就義之慨。終因事無佐證，日本人未曾將他處死，但將他們夫婦囚入赤柱集中營。

我曾多次到赤柱海灘漫步，希望能一見戰俘生活，但是這目的不易達到，集中營被隔絕着。祇是集中營的生活，我們還是能得知的 —— 許多種疾病，在營中蔓延，瘧疾與痢疾普遍地存在着，有一名管理人，在集中營染上了肺疾，向我

求醫，是以集中營中的情況常可由他那方面探取得來。

　　設在九龍半島的戰俘集中營，管理比赤柱為嚴。因地形之故，九龍集中營的戰俘，如逃出，攀山越嶺，就能到自由區。因此，在這邊如有俘虜逃亡，必受酷刑，日本人說，多一個逃犯，即多出一個敵人。他們防範極嚴，要逃走，自然是非常艱難的。

二、三度受審

　　在太陽旗下，談到受審問，每一個人都會變色。日本軍人慣以用酷刑迫供，我曾被審問三次。可能是應對得宜，或者是運氣好，我總算未曾受辱。

　　香港陷落之後，中國的愛國志士，被捕被囚的，多不勝計。我的朋友，亦有多人被傳訊。有的受過酷刑，有的被勒索。因此，被日本人傳訊，人人皆恐懼不已。

　　在暴力的統治下，生命朝不保夕，我時時自問：「幾時，我會被傳訊？」

　　終於，我輪到了——

　　一日，日本憲兵以電話召我到設於大東旅店之「日本憲兵總部」，我到達時，在候客室遇到一位朋友，我把自己應召的經過相告，並問他是否知道傳召我的用意？他說：

　　「你是榜上有名的七十七個擁護國民黨分子之一。其中有些人已被拘禁於香港大酒店矣。」接着，他和我握手，教我應

付之道曰：「你可能會有同樣遭遇，我想，你可以用醫院主持人的名義，必需留醫院照顧為理由，或者可以免於難。」

我想，這可能是一個辦法。

不久，我進入一間辦公室，中座一位三十餘歲的軍官，為憲兵中一位隊長 —— 我起先以為將是一位高級的官員審訊的 —— 在那位隊長的身邊，排座着不少人，都是香港昔日顯要人物。不久，我知道他們是來作證人的。

那位隊長詢問我的履歷及往事，我想，既有這些熟人在場，除了從實說出之外，別無他途可循。於是，我縷述自己於一九一一年卒業於英國愛丁堡大學，回國參加革命運動。在滿清統治時期，我即已參加同盟會。這位青年隊長將我的口供錄下，此時，證人中有一人忽然大聲對我說：

「你必須講真話，任何細微的事都不能遺漏。」

我不明白他的用意，是為了向我提示抑向該隊長獻媚。但是，那時的形勢，我如一名囚犯，在受審問。

之後，我述出我的履歷 —— 一九二三至一九二五年間，曾充當孫中山先生的醫務顧問，並曾任公職，為衛生部長。在敘述及此時，我頗惴惴不安，以為那隊長會因此而生敵意，結果卻沒有。

—— 後來，我知道，當時的日本人對孫中山先生尚存有

若干敬意，但極憎惡曾任英國政府職務者。

此後，我又陳述自己在香港的經歷，我坦率地講出曾任香港潔淨局、市政局、立法局議員等職，至一九四一年而止。

那位日本隊長的態度應該説是很好，我經過長時間的陳述與擔憂，已口乾舌燥了。幸而那位隊長將紀錄簿摺合來起，表示審問已完了。

於是，我鞠躬而退 —— 這樣輕鬆的際遇，是我所料不到的，在從會客室中等待審問時，我曾以為自己從此將終老獄中矣。

兩日後，我接受第二次審問。

我被一名戴白手套、佩劍的軍官引入香港東區日本憲兵部。養和醫院在東區日本憲兵部所轄區內。

我被引入一間設備華麗和鋪有紅色地氈的客廳之內。

當我進入時，廳內已有兩名傳譯員，不久又有一人出現，此人，身材肥矮，蓄希特勒鬚，一副浪人樣，看到我，突然以手槍相指。我強自鎮定，以微笑相對。由於我不曾被這突然的行動嚇倒，他才將槍口他指，以傲然的神氣大聲説：

「我如喜歡，可以槍殺廳內任何一個人！」他指着兩名同事説。

兩名傳譯之一，搖手示意，並説：

「將槍收起來，坐下吧。」

這種軟硬兼施法以我在淪陷區內的生活經歷，知道這種技倆的目的，是迫使我求情和納賄。

不久，一名少佐進來。那三人起立致敬，我也隨之起立，並向其鞠躬——那是日本式的。

這位少佐中等身材，年約四十，他很斯文的向我回禮，並自報姓名為中島。又道出其履歷，曾駐東三省，能講中國話。

他和我初步寒暄之後，顯然不欲經過傳譯人員，隨即起立，命我隨其而去。

經過一道走廊，到了中島的臥室，他用國語問我：

「現在祇有兩個人了，你若有犯罪，不妨對我直說，我可以周全你。」

我肅然回答：

「中島少佐，我一生守正不阿，雖然曾服務中英兩國政府，但是，我的職業仍是醫師，我實不曾犯過罪。」

中島熟視着我，又說：

「你不必恐懼，倘若有困難，我可以相助，你相信我嗎？」接着，他又問我：「你有珍貴的消息可供給日本政府嗎？」

於是，中島微笑，遞給我一支三砲台煙，隨後，又去取

茶來。在斟茶之時，他又問我：

「你認識重慶的大官員嗎？」

我承認有熟識的，並且提出宋子文，孫科，王寵惠三位名字。他們都是抗日陣營中重要的人物。

中島皺着眉問：

「你怎麼會認識這些大人物？」

我解釋我初期是同盟會會員，亦曾在早期的中國政府任職，因此和許多高級官員相識，後來我在香港，他們偶然經過香港，多來看我，談談有關醫務事宜。

中島作傾聽狀，我吸了一口煙，回憶一下，又舉出了汪精衛和陳公博兩人的名字。我說明和這兩人也相熟——此時汪、陳已為漢奸，在南京組織傀儡政府了。

中島細心地詢問我的交遊與生活細節，每逢言不達意時，便用筆談。這樣持續了三小時之久，我疲甚，對於這無休止的疲勞審問，實在怕極了。於是，我運用一個間歇，提出一項請求，希望他能派兩名憲兵到養和醫院值勤，以保護護士，免受日本兵之滋擾。

中島對此致歉，表示憲兵不能擔承此一任務。

我發覺他尚無結束談話之意，再請求他助我查出我所失去的財物。我告訴他，我的住宅與診所，所有財物，已被洗劫。

我這一請求收到了效果，中島起身了，又向我致歉，允承代我調查，隨後送客。

我的第二次受審，至此而結束。我以為，當他們發現我已無財產可供勒索時，他們就會放過我的了。

但是，這想法卻是錯誤的。

不久，我又受到了第三次的審問。

香港淪陷後不久，著名的教育家鍾榮光先生由救傷車送來養和醫院，未幾逝世。那時，在重慶及美國，皆盛傳鍾氏為日本人所害，我是他的好友，又是他主治醫師，對他的病情，我知之較深 —— 鍾榮光先生因於日人毀其一生事業，憂忿過度，引起心病，終於不起。

那一天，我正在處理鍾榮光先生的出殯事宜，忽然，兩名台灣籍的憲兵到來了。命我立刻到東區憲兵總部去 —— 我已受到過兩次審訊了，此時，又面臨了傳訊，心中甚忿，又兼以此時正為友人辦理出殯事宜。於是，我向兩名憲兵說明我現在所做的事，我又介紹鍾榮光先生的生平，曾為嶺南大學校長二十餘年，為中國及亞洲有名的教育家。

可是，那兩名憲兵置若罔聞，不斷地迫我速行。在無可奈何中，我辭別了鍾夫人 —— 到來執紼的親友數百人，以悲憫怖怯的目光看着我離去。

東區憲兵總部設於跑馬地之側，法國修道院禮拜堂內，該處面向養和醫院。

我隨着兩名憲兵進入時，看到不少人坐在地下，俱被綁縛，他們的身上和面上，有着顯著被毆擊的傷痕，有幾人面上血痕斑斑，當是受到過毒打。這些人，都是候審者——我為之惻然，亦為之凜凜而懼。

中島少佐出現了。他僅着襯衣，狀似甚忙碌。但對我的態度頗佳。他很客氣地說出一再煩我，甚為抱歉，接着，他嚴肅地說：

「閣下的嫌疑至今未清——你是一所容納了許多受傷者的醫院院長，你的名字已列入親英反日的名單中。因此，我不得不再求了解。」

我回答他：「現在，香港的英國人都已關了起來，我怎能再親英呢？」

中島現出笑容，再說：

「我希望你在不親英之餘，還要不反日，我們已經將亞洲人民從白種人的統治下解放了出來，日本政府希望和中國人合作。共同完成大東亞共榮圈的計劃，使亞洲人民共存共榮。」

中島在說到日本的大東亞共榮圈計劃時，眉飛色舞，滔

滔不絕，我祇能作有興趣地傾聽之狀。中島在高談闊論之餘，時時停下來問我的意思，我亦祇有敷衍。

這樣，拖延了很久，我想到第二次的脫身之道，利用空間，對他維護養和醫院表示感謝，再者，我又表示能自由自在地主持養和醫院，亦不勝喜悅。接着，我話鋒一轉，請他代為查訪養和醫院之救傷車及我本人失去的汽車。於是，第三次受審，又獲得了結束。

三、佔領期間之日本行政

　　日本人在香港佔領區之行政設施，與在菲律賓、荷印（今印度尼西亞）、緬甸等佔領區大致相同，香港佔領區設有陸海軍指揮官各一員，憲兵隊長暨民政管理員亦各一人，後者旋取消，改設總督以治民，此為香港突出之處，在中國淪陷區，日本佔領軍皆組織傀儡政府，而對香港，日人視為直接統治地，總督由東京委派，其下設有行政局，如內閣之組織，及立法局以定法律規章，兩局工作清閒，無所事事，如有亦僅為奉總督之命蓋印而已。

　　香港淪陷數星期後，日人決定設立兩個諮詢會，即「華人代表會」與「華人工會代表會」[24]，全屬華人領袖及英國殖民地政府時期的顯要人物，此舉為求謀取香港中國人的合作，這兩個諮詢會包括有親日分子及愛國者在內，他們毫無權力可言，即有之亦僅止提供意見，然而立法太苛而為羣眾不滿時，他們即成為代罪的羔羊。

如欲與華人合作事項遇有困難，日本人即將案件交兩會商議，在必然無人反對之下，所有交議問題當然一致通過，至於通告，則以華人領袖聯名發出，不外勸喻中國人擁護其計劃。在重要紀念日，如日本天皇誕辰，全體議員均須從議事局步行至瑪利操場，舉行公開儀式，向日本天皇致敬，各人面向東北方肅立（東京皇宮之方向），號令一發，三鞠躬為禮，這成為兩會人員的主要工作。

淪陷期香港警察組織簡單，日本憲兵隊之下設置有地方警察隊，數名英國特別官員初期被保留工作。不久，英人被送入集中營，或因被控而下獄，但剩華籍警察矣。日本憲兵隊工作，主要的是搜緝重慶特務及愛國者，故無暇執行普通警察事務。

那時重慶特務人員被捕甚多，日本人對搜捕重慶間諜，採取誘引和牽連的方法，如先捕得兩人，以酷刑迫供，每人如能供出兩名同黨，即可獲免罪，如此則由二而四，四而八，到了大批特務被捕，再行開刀，因此，除極少特務為敵服務殷勤而得免一死外，其餘的卻為國犧牲了。

在此一時期，毫無法紀可言，罪案因此大增，社會極為混亂，如盜竊打架、聯羣劫掠，兇殺案等等，幾無日無之，但無人敢向日本憲兵部投訴，因報案者，輒先受掌擊腳踢之

苦，被指為淆惑視聽，擾亂治安也，如無勒索機會，憲兵對此種案件，大致是不會受理的。

幣制之重要性，有如人體之血液，不可或缺，各銀行既經被接管或遭搜劫，日本人即印發軍票，此種紙幣，並無號碼，故無從估計其發出總額，然僅能通用於香港一地，在日本則不通用，總而言之，這就是經濟掠奪，中國商人咸認此種紙幣並無價值，故稱之為「廁紙」。

所有官兵人員均給軍票，其兌換率以港幣二元對軍票一元，旋又改為四對一，最後則公佈限將所有港幣轉換軍票，商人與富裕之國人多將英治時期之鈔票藏匿以待戰爭結束，當時英國貨幣幣值仍高，有如美鈔之在菲律賓，日本人深知其因，欲從事奪換，因而強迫香港上海滙豐銀行總經理祈理本爵士簽署五百元額之紙幣，但國人鑑於這種紙幣乃強迫簽署，其價值必有疑問，因而拒絕使用，且此種濫發紙幣，極易辨別，因其色藍，並以字母 C 為號，因受到抵制，日本人套匯的企圖終告失敗。

日本人因利用祈理本爵士及英美財政專家以清算各銀行，故未將祈理本爵士送往赤柱集中營，特准居於酒店，每日由衛隊押往銀行工作，除祈理本爵士外，餘人均被囚禁於赤柱集中營，後祈理本因涉英國特務案，被囚如同普通罪犯，因

憂憤且感恥辱，以小刀割腕，企圖自殺，後被發現，轉而獨囚一室，不久逝世。

　　日本組織會社，以鉗制各種組織，如中日醫學會、銀行家公會、律師公會、柴業公會、藥劑師公會等等，表面上為指導行政，實際則是在鉗制及勒索，倘需用火酒一千加侖或金雞納霜一千安士等物，則立刻向藥劑師公會索取，而該會主席又轉向各會員施用壓力，公會當局，自然深知各會員存貨之多寡也。

四、死亡競賽

日本人對香港的政務，並未妥為預謀，如糧食補充之類，完全沒有計劃，因此，在經歷了十八個月之後，香港的市場，面臨了絕境。到時，日本人着慌了，手忙腳亂地從事疏散市民之法，強迫在此地無以為生者返大陸。

疏散的方法有兩種，一是經由火車送赴深圳，任由他們步行而去，再是用帆船運送至中國大陸海岸；這是完全不負責的遣送，許多艘帆船，在途中受到劫掠。

——後來，重慶方面得知此事，設法救助，才使許多人能平安地回到自由區。

不過，日本人的疏散人口，並未有效地解決香港的糧食恐慌，這由於戰局的轉變使然。

美國在戰爭的初期受到慘重的損失，太平洋上許多島嶼為日本人控制。可是，美國的國力深厚，經過一年多時間，

戰局漸漸地扭轉了，美國的海空軍，已經強大地在南中國海域活動，由中南半島的越南、暹羅運輸糧食來香港的船隻，時時被擊沉。再加上日本本土被炸，船隻缺乏，他們已無力從事解除香港的糧荒了。

在疏散人口時期，香港出現了新的恐怖場面。

原則上，日本人要疏散無業及無以為生的居民，但是，實行上，卻並不如此，日本兵在街道上任意捕人，押解離境。因此，許多人不敢輕易出外。即使服務於養和醫院的職工，也會被拘捕去。

市場因糧食缺乏而浮動不安，人心也因此而惶恐，當時米的配給一次比一次減少，有很多人一日僅能獲得一餐飯。更多的貧困者，經常在飢餓中。

市區出現了可憐的景象。

一羣羣的飢民隨着日軍運米的車輛而奔，以拾取自車中震動下來的米 —— 那是以粒米計算的米。

也有瀕臨餓死的人，從事搶奪運輸中的米糧。他們已餓得毫無力量，搶劫的行為很難達到目的，而守在車上的日本兵，無情地舉槍射擊，抓到一把米而死去的人有之，還沒有

抓到米就死去的也多有之。

在街市上，因飢餓和營養不良而引致面部與雙足浮腫的人，大量出現了 —— 這是缺少維他命乙所致。此外還涉及配給米的營養成份問題，配給米由機器碾磨，米的一層含有豐富維他命乙的表皮被除去了。而中國內地的碾米方式，多能保有養料。這是導致黃腫病的一項原因，自然，米糧的缺乏，是致病的主因。

此一時期，到養和醫院療治黃腫病的很多，在治療上，這是極容易的，就是注射維他命乙就能挽救。但是，這祇是治療方法，在半飢餓中的人，極快又復患這一類的黃腫病。

這是香港淪陷後最苦難的歲月。

香港的人口，在大飢饉中，逐漸地減少，到了一九四三年夏天，人口已由昔日的七十五萬[25]減至二十五萬人。

和糧食同時出現的，是燃料缺乏。

當時，香港中國居民以柴薪為主要燃料，以前，香港所需柴薪，由廣西及英屬婆羅洲運來。香港淪陷後，廣西柴自然不能來了，婆羅洲柴亦因海運困難而不至。香港的存柴漸漸地用盡，柴價日日上漲，貧民自然無力購買，於是，許多人用傢具代柴煮飯。但是，傢具很快燒完了。貧民羣紛紛上山砍樹木以為燃料。

日本憲兵發現這一形勢時，香港的林木，已受到嚴重的損害，再者，樹木到處都是，日憲兵人數有限，巡邏防止，並無功效。

　　養和醫院的後園中所植樹木，也被竊取 ── 晚上，時時被鋸木聲所吵醒，我們的印度籍看更人，無力阻止他們。

　　後來，我們想到了一個辦法，在醫院天台設一盞可以探照的燈，再備幾籮筐的石子，夜間有人來偷鋸樹木，我們的守夜人以燈照射，以石子擲擊。這樣，總算保全了幾株樹的生命。

　　除了偷取樹木之外，還有偷取木門的，有些人家在一夜之間失去了大門。

　　匱乏使香港社會進入了空前混亂之中。

　　本節的題目是「死亡競賽」，那就是香港馬會的賽馬而言，香港有賽馬賭博，過去，馬會祇由英國人管理，但在香港淪陷之後，日本人本着排斥白種人的政策，以及符合他們「大東亞共榮圈」的口號，賽馬賭博交給香港的中國人管理。

　　當年的香港，已禁止跳舞，而假日的郊外旅遊，因汽油缺乏而幾乎成為不可能。

　　於是賽馬成了熱門和方便的消遣，再者，一個沒有前途而又生活在恐怖中的城市居民，對賭博刺激，總有心理的嚮

往，這樣跑馬地中，招徠了許多人。

日本人着意於賭博來麻痺人心，賽馬的入場券價格減低，並在場內設樂隊演奏助興，但是這卻是死亡規定，而且也象徵着大東亞共榮圈的形相。

英國人有禁止虐畜的觀念，過去，在炎夏皆停止賽馬，逢星期日亦休息。但是，日本人並不理會這些，他們祇求點綴，祇求粉飾昇平，不理其他。而當時的競賽馬匹，和香港居民同樣在缺乏糧食與營養不良中，每次賽馬，在奔馳中的馬匹因力之不繼而中途倒斃者，時有所見，應該説，這樣的故事，每次都有發生。

有一次賽馬，我和江口大佐相遇，我們談到馬匹的情形，我以為當時的賽馬，未免殘忍，我將我的意思説出，江口大佐忽然有了怒意，他回答我：

「皇軍在炎熱的夏天與星期日同樣在戰場上奮戰，何況畜生？」

這是民族觀念問題，我默然無以為答。

賽馬會的死亡競賽繼續着，馬匹的死亡率逐漸增加，在競賽中馬匹倒斃時，騎師也時有墜馬而受傷的，但是，馬場樂隊仍然熱烈地演奏着，賭徒們也仍然熱烈地下注博彩着。

我憧憬着大東亞共榮圈的情形，亦復如此。

第九章

逃亡

一、準備

　　在匱乏而致的混亂不安中的香港，我實已無法再居留下去 —— 從淪陷之日起，我就企圖離開這一個地獄似的島嶼，但是，我的行動受到嚴密的監視，我曾因接濟戰俘營中的朋友而受嫌，我又曾因有不少在重慶從事抗戰的高級官員而受嫌，凡此，皆使我不能妄動，我明白在我的周圍，必有許多雙眼睛看着的，祇要有些少逾越，我就有被捕甚至被殺之虞。

　　但是，時間使日本人對我的戒備稍趨鬆弛。而我也竭盡所能為自己蒙上保護色。

　　當我準備逃亡之前，在生活上故意表現從容與休閒，故意地腐化與荒謬，我要讓日本人看到我的墮落面，我要使他們相信我已經失去政治性，我要使他們相信我已不是一個有血性的愛國者。

　　每天，我到告羅士打餐廳午餐，那邊四十六號餐桌為我所訂下，而且，我也時時邀約女友同餐，而且表現了輕鬆與

愉快。

當時的告羅士打餐廳，為日本高級官員的集合場所，我的出現方式，大約頗令他們滿意——日本人所喜歡的，是沒有靈魂的中國人。

我在中區的醫務所，面對一個日本人的機構，那邊的日本人是否負有監察我的任務，我不知道，可是我知道他們時常在窺我。

於是我聘請一位白俄舞術教授，每星期兩次教授我的舞蹈技術。在練舞的時候，我開啟所有的窗戶，讓對面的日本人可以看到。其實我的交際舞造詣已相當高。強自學步，實在是一件苦事。為了一項遠大的目的，我祇能耐心地裝腔作勢。

同時我又在北角區租賃了一層屋，使敵人在感覺上以為是我的藏嬌金屋。至於這一所外寓，對我是有好處的，我可以藉此而逃避了日本人夜間的強迫出診。

此外，凡在娛樂場所，我都表現了興趣，如賽馬日，我多數偕同女侶前往，表現了沒靈魂者應有的歡樂。我努力改變我自己的生活方式。

以前我不願打麻雀的，而且我也禁戒醫院的職工竹戰，我以為打麻雀牌不但浪費時間，且亦無益身心。但是在策劃

逃亡的時間中，我熱心地打牌了，我在醫院的房間中從事竹戰，間亦邀女友參加，有幾次我還邀約了日本總醫官參加打牌，顯出我樂在其中，樂不思蜀的樣子。

在養和醫院對面的日本憲兵部，是經常用望遠鏡察看我這邊的情形的，現在我讓他們看到我沉湎於麻雀牌。

我孜孜地為自己的行藏作掩護，其真實效果如何，我雖然不清楚，可是，我相信，日本人對我的戒備，可能因此而鬆弛下來。

協助我逃亡的，是我的好友陳漢昌先生。他三十餘歲，身體高大而壯健，外型頗有些像美國明星加利谷巴，當時，他的職業是私運物資入自由區。日本人稱他們為「私梟」，中國人則曉得他們是愛國者。

陳漢昌君有一位姊姊在養和醫院為護士，具有良好的服務道德。我和漢昌的相熟，由於其姊之介。

初次和他商討逃亡計劃時，我偽托有一位好朋友欲去自由區，可否於下次出發時偕其同行 —— 我掩藏自己的身份，為了防備可能發生的意外，如果漢昌被捕，於嚴刑迫供中，不會出現我的名字。

我預定的逃亡日期為一九四三年六月中的一日，但是，當我的計劃行將成熟時，外面卻發生了事故 —— 我國的游擊

隊卻於此時襲深圳，將橋樑炸毀。駐防該處的日軍傷亡頗重。於是，邊境戒嚴，防軍人數也增加了。而且日夜都加強巡邏。我們所擬定的逃亡路線，在戒嚴區域內，不得已，祇能將預定的逃亡日期延展。

兩星期後，邊境的日本巡邏隊逐漸減少了，於是，我約陳君再訂日期。

新的日期定了。在出發逃亡前兩日夜間，陳漢昌君到養和醫院來訪我。

我細察左右，關上了門，再與陳君密談 —— 醫院中收容有日籍和台灣籍的病人，我的房間與病房毗連，因此不得不謹慎從事。

陳漢昌和我略事寒暄，立刻談及正題，他說：

「李醫生，請你介紹你的朋友和我相見，因為離港日期祇有兩天了。」

我微笑以答：

「此人是你的朋友，你應該想到了。」

他錯愕，隨後又表現了惶悚，搖頭說：

「李醫生，你是知名的人物，大家都認識你的面貌，倘若被捕，我們兩人都難免一死。」

我向他解釋我在香港留下去不堪設想的後果，我再告訴

他為逃亡而作的長期準備，他雖然同情我，但是仍然猶豫，不敢允承助我同逃。最後，我告訴他，如果他不能相助，我祇能以自己的力量設法逃往自由區。

他沉思着，最後，在不安中允承了。

於是，我們重新決定了行期，我開始作最後的準備。

我計劃回到抗戰後方繼續行醫，因此，我必須帶了我的醫學書籍、用具和藥品俱行。祇是，在醫院中包裝這些，是一件危險的行動，如果被發現，必然牽連着逃亡，那末功敗垂成了。

我秘密地準備着——利用深夜，悄悄地工作，那時，協助我的，是我的忠僕阿爵。

這最後準備費了數星期的時間，我的東西分裝了九隻大帆布袋。

這些工作，是在醫院後面的小貯物室內進行的，有一夜當我的職員詢問我為何深夜在此炎熱的貯物室內工作時，我急中生智，回答他我擬將應用物移往北角寓所。

這樣事情就很合理地敷衍過去了。

至於將這些帆布袋運出去，也煞費心機。我選擇每日職工進早餐的時間，由阿爵悄悄地搬了帆布袋，放在我的小型柯士甸車內，再由司機駛往海傍一家銀行，寄存於我的弟弟

樹芳的辦公室內，以便伺機搬運過海。

經過艱辛，行李的第一步移轉完成了。

但是，在逃亡前夕，漢昌忽然到醫院來相告：

「李醫生，現在有新的麻煩事件發生了。我去接洽過，但各種運船都不肯運載行李過海。」

他繼着說：「日本總督有令，嚴密巡查海傍地區，如運行李被查到，關係重大。」

這訊息使我難堪，我們兩人相對木然，不知如何是好。

隔了一些時，陳漢昌終於沉毅地說：

「我們照原定計劃行事，我本人擔任搬運吧！」

我感動，緊握其手，一時連感謝的話都說不出來 —— 我明白，如果我的行李被查出，必較普通私運的罪名為重，而陳漢昌君不啻冒生命之險，承擔了這一任務。

二、搬運行李

　　次日午間，陳漢昌君到海傍，與一中國籍的憲兵商量，欲運九袋衣服過海至九龍，願以九十元軍票為報酬，那憲兵允承了。約漢昌於下午一時十五分將行李搬運過海，因此時正值海傍的日本憲兵午餐。

　　但是一件偶然的事故幾乎使我的逃亡計劃歸於幻滅，而這一節「搬運行李」，亦由於此偶然事故而發生。事緣舍弟樹芳下午一時十五分時另有要事，相約漢昌於延遲十五分鐘到銀行去取行李。

　　在平常的時候，十五分鐘的間隔，應該是不成問題的，然這十五分鐘卻出事了——

　　漢昌於下午一時三十分將帆布袋取出，用人力車運送到海邊，為了防範意外，他先以同伴作掩護。

　　一艘小船載運了我的行李，順利地離岸，可是，就在小艇剛離岸的時候，一名吃完了午飯出來的日本憲兵看到了，

他大聲命令小艇再靠岸。同時以槍相指。

那時，漢昌已在船上，在槍口的威脅之下，祇得服從命令，將船傍岸，於是，該日本憲兵命令打開兩隻帆布袋——袋中的衣服、書籍、藥品，都倒了出來，狼藉滿地。漢昌自然狼狽萬分，但仍鎮定從事，冒稱各物皆其本人所有，運往九龍住宅。

日本憲兵立刻予以掌摑和足踢，並命將各物放回帆布袋，再命將之搬往距離約五百碼外的香港碼頭。

事發幾分鐘之後，漢昌的同伴就奔到我中區醫務所來報告這一消息。

這是我一生中最憂惶的時間，我想到協助我的陳漢昌君此時的處境，我又想到他的家人如聞訊，必不能堪，為了我而令一位朋友冒生命之險，深為歉疚，同時，事勢已迫，我必需立刻處理問題。

於是，我以電話通知在養和醫院作護士的陳麗嬋女士，請她速至中區醫務所。她來到後，我請她立刻到碼頭，探聽她弟弟漢昌的消息。

陳女士到碼頭，徘徊觀望，因乃弟之被捕，焦急憂惶，形於顏色，巡邏的日憲兵起了疑念，將之拘捕了。於是，她借機會向憲兵求懇，一見漢昌。

日憲兵押她入內，開啟一門，即見漢昌雙手被綁，身有傷痕，顯然已受過刑了。

陳麗嬋女士在憂惶中為乃弟辯護，利用她的護士身份而稱所有的醫藥用品為她所有。又詭稱母親在九龍病重，乃托弟運各物過海。這自然是非常拙劣的謊言，日本憲兵即指着一隻沒有開啟的帆布袋，問她內容。麗嬋姊弟都無法回答，於是，日憲兵就毆擊他們兩人。當麗嬋被毆時，漢昌為救其姊，才招認所有各物皆為我的弟弟李樹芳所有。

十分鐘之內，日本憲兵就將我弟弟所服務的銀行前後各門皆封鎖。樹芳心知有變，潛往別室，以電話詢問我僕阿爵，帆布袋中所藏何物，通完電話，樹芳回到他的辦公室，即為日憲兵所捕，並立刻押赴碼頭。

在形勢所迫之下，樹芳祇能承認所有各物皆是他的所有，他告訴日憲兵，這是戰前存放於養和醫院的衣服等物，詳細的數量與名稱已不能盡憶，他說：

「前幾天，我曾以電話通知僕役，將各物運回九龍家中從事曝曬。」

樹芳的回答雖然巧妙，但是和實際卻仍有距離。日憲兵以醫藥用具，非銀行家所宜有，因而對他的證詞，完全不予相信，他們指着一隻未經開啟的帆布袋，厲聲詢問此中內容。

樹芳在緊張中已忘記了阿爵所報告的種種，他僅能道出皮大衣一件，皮背心一件等。於是，日憲兵再打開一袋，指着袋中的皮鞋、長褲而問：

「這是你的？」

樹芳不經思索就應是。這一回答出了毛病，因為樹芳的身材比我矮小，顯然，我的衣鞋，對他是不相稱的。日本憲兵看出了破綻，厲聲質問。

樹芳詞窮了，祇得推托。

「這可能是僕人在撿拾物件時將家兄的衣物混在一起，拿錯了。」

這一回答觸怒了日憲兵，他猙獰地解下腰間皮帶，猛摑樹芳面頰。

至此，為了我的行李問題，已牽連三人陷入日本憲兵隊中，並且受到酷刑及侮辱。

幸而樹芳所服務的銀行董事長，聞訊帶了譯員赴憲兵隊交涉。他說明樹芳的身份為銀行經理而非私梟，並願以銀行出面擔保樹芳，以後隨傳隨到。

於是，我的弟弟獲得交保釋放，而陳漢昌和他的姊姊，則被押解至水上憲兵總部。

那些可怕的與不幸的消息，傳到了我處，我在中區醫務

院內繞室彷徨，不知如何自處。我若出面承擔或者用另一種方法干預，必然會被拘捕，而於事無補。我以電話請樹芳銀行中的傳譯員來商量，但是，他告訴我，據他所知，被捕的兩人已受酷刑，可能明晨即將處決。

以他們姊弟既危在旦夕，當天冗長的下午我惟有苦思挽救之道，挨到了黃昏時，我決定冒險以求僥倖了。

在此，必需先補述一件故事：

數日前的一個午後，有兩宗日本人的急症，有一位少婦與她的一位護士同時被送入醫院，護士是中年人，入院時病勢已危殆，未足一小時即逝世。那位少婦的病情也嚴重，入院時高熱，已達一〇八度。雙足浮腫，有劇烈的頭痛，她已陷入昏迷狀態。經過輸血，我診斷她所患的為惡性瘧疾，隨即以金雞納霜為靜脈注射，終於將她自危殆中挽救過來，她在醫院中留居十日而癒。

她對我這一次醫治，非常感激，她相信，如稍為延緩，即將如她的護士一樣而不治。在出院時，她曾經至誠地表示：

「閣下如與日本人有困難事件，請來通知，我必設法相助。」

這種口頭的感恩之詞，我當時並未着意，但是，在急難之中，我卻想了起來。急忙翻查檔案，找出她的地址，作姑且一試的訪問求助。

我雖然忖度出她是頗有些地位的日本人，但是，我並不知道
她與日本軍方究有何種關係。而且，我也無法猜測再見她時，她會
怎樣。

我找到她的寓所，見着這位身材瘦小而嫻雅的女士，她保持
出院當時的感激之忱。於是，我將行李事件詳細告知。問她是否能
相助。

她的回答肯定而直率：

「我可以幫助你的，我的丈夫是水上憲兵隊的隊長。」

這是意外，這也是巧合。

於是，我們到水上憲兵隊，順利解決一個嚴重問題，陳
漢昌和麗嬋當時獲得釋放，九件行李，也獲得發還，半天的
重憂，作了戲劇化的結束。

三、亡命者

　　經過了行李事件的挫折，我的逃亡之計劃，又得修改了，當前第一個問題，仍然是行李。

　　當漢昌恢復健康之後，我們再從長計議。

　　當時，攜帶小件包袱與手提袋渡海，不需要領取許可證。於是，我們將九件行李化整為零，轉為若干小包，然後請托至親好友，分別乘搭小輪，攜之過海。每日往來數次，經過兩日，總算將行李運送到九龍的漢昌家中。

　　漢昌的母親與家人，對此驚惶無比，不過，這擔憂的時間並不太久，當行李集中之後的黃昏，就有一輛插太陽旗的日本軍車駛至，將我的行李載運而去 —— 這是漢昌賄通了日本兵，將行李運往邊界也。

　　這一夜，是我生活上的轉捩點，隔天，我將冒生命之險而從事逃亡，逃亡的結果是無法預料的，於是我預立遺囑，同時輕描淡寫地通知親友和醫院中的職員說，將往廣州一行

—— 我已領有旅行證件，我祇能如此告訴人們；唯一我能將我的計劃相告者，祇有我的愛犬利奧而已。

那天夜裏，我如同施外科手術地，將十二顆藍鑽石逐一縫入小布袋中，然後，再將之縫合於一條內褲的接線處，這些鑽石是向香港的珠寶商購入的，我選取四分之三卡及半卡的，以便收藏和出售 —— 我攜帶鑽石是為了旅途上代替貨幣。帶了日本軍票到自由中國，不但等於廢紙，抑且危險萬分。

在香港淪陷之後，我生活於此，歷年已一年半，在敵人槍刺威脅之下，苟全性命，不是一件容易的事，我以無比的忍耐挨過了十八個月，現在，想到了明天將脫出地獄，於緊張中有不能自抑的衝動和興奮。

再者，選擇明天出發逃亡，在我還有其他的原因：後天，是日本人委任我出任中日醫學會會長之期，我不能接受日本人的委任，我必須及時逃走。

我生命中特別的一天到來了，清晨，我化粧自己 —— 我穿上一件棕色上衣，下面是一件藍布褲。化粧為漁夫；為了這一改變，我曾經改變我的皮膚顏色，在炎熱的夏天，我經常暴露於烈日之下，將皮膚曬黑。現在，對鏡自照；我發現我的褐黑的面孔，很有幾分勞動者的意味，和我身上的衣服是相稱的。

清晨五時，阿爵輕輕地叩着我的房門，那時正有雨，我

着了件陳舊的雨衣。

阿爵為我收拾隨身的行李，我至此才告知他逃走的計劃，但我未曾說出此行的目的地。於是，阿爵堅欲同行，我答允了他，並且給款為其家屬的生活費。

阿爵是強毅和勇敢的，他雖然知道此行極危險，但毫不躊躇地與我同行。

我的汽車司機也看出了我的行動有異，我將我最後的一束軍票給了他，囑他到市區醫務所撿取一些用具，隨後到省港輪船碼頭 —— 我使他相信我赴廣州。

我在赴廣州的輪船碼頭將這位司機解僱，那是為了避免他受日本人的審訊和洩漏消息。

於是，我和阿爵僱了兩輛人力車到渡海碼頭，平時，這碼頭有日本憲兵監視渡海者，今天，由於天雨，日本憲兵竟未及時到達監視第一班開行的小輪。

渡海者分兩行排隊入閘門，我順利的登輪渡海，在滂沱的大雨中到達陳漢昌君家中。

我在漢昌家中早餐，稍事休息，由漢昌所僱的一名青年私梟作嚮導，我開始了逃亡的第一程。

我們橫越九龍半島的三山崗而到達一處海濱，路上很平安，但由於心情緊張，經歷了這一段路，殊感疲倦。

我登一處崖上，探望漢昌的單桅小艇所在 —— 這是我們預約的地方。

我等待了一些時，消息沉沉，心中開始有了憂惶，不久，忽然有一名漁夫出現，他走近我，低聲問：

「你是漁夫嗎？」

我回答他：「管你自己的事。」

於是，他搔着白髮，注視着我說：

「今天天氣很好，去釣魚嗎？」

這一問的聲音，有似美妙的音樂，我大喜 —— 因為，這是我和漢昌所約的暗號。

於是，我知會阿爵，隨着這位老漁人到他的小艇上。漢昌已在船上等候着。

小船迅速地離開海岸而急駛 ——

海行開始了，我們的小船幸運地避開了日本人的海岸巡邏隊。

小船載着逃亡者，向自由中國的海岸進行。

夏季的黃昏是美麗的，滿天霞彩，清風送爽。

我們的小船獲得風力之助而揚帆加速。

我躺在草蓆上，仰望蔚藍的天空，此時，白日的餘光已盡，長天星辰閃爍，心情有放馳的愉快，於是，我引吭高歌……

漢昌也歌以相和，阿爵則看着而笑。

至於這艘船上的工作人員，則嚴肅地處理他們的工作，絕不因我們的情緒而轉移。

這位老漁翁在香港淪陷後不久，就成為私梟，他熟悉這一帶的水域，擔當偷渡的工作，恰到好處。他有六十上下的年紀，身材肥矮，髭鬚滿面。面上雖佈了時日的褶皺，但強毅而堅定，海上生活鍛練了他的性格，經常地沉默寡言。

他坐在艇前，好像一尊石像的安定。專注着前方的海面與陸地。在吃飯的時候，他保持一貫姿勢，似乎他不需要用眼睛來進食的。

夜沉沉，沒有月亮，海水微浪，拍打着急駛的船，我們在緊張中承受平安。

大約是九時三十分時，在靜寂的大海中，忽然有了馬達的顫動聲。

我惶然問：「是日本人的巡邏艇？」

漁翁冷靜的回答：「不會有任何事發生。」

但是，機器的顫動聲仍存，他這一句安閒之言並不能減除我心頭的震怖。而且，我也有着憤怒，當然逃亡之前，他們曾告訴我這一條航線不會遇到日本人的巡邏艇，顯然，我被他們所騙了。

日本的巡邏艇接近了，他們以探照燈照射我們的小艇。

而且，向我們的船直駛而來。

——我知道香港日軍當局的命令，夜間航行的船，如果無燈光，會遭到射擊，而我們的小船是無燈的。

這一瞬，我想到了生命的末日。

巡邏艇在距離我們三四十碼時，機器忽然失靈——此前，我與漢昌阿爵已仆臥在一幅帆布之內。

於是，我們聽到巡邏艇上的人喝問：「如何無燈？」漁翁安詳地回答：「各漁艇都缺乏花生油，現在用椰油燃燈，在風中容易熄滅。」接着，他用火柴點燃了一隻古老的燈籠。

這一短暫的時間中，我的心情惶恐和憤恨，我曾想到這位漁翁可能出賣我們，但在聽到漁翁的回答時，我又心定了。但是，我對漁翁依然點燃一隻燈籠，為之惴惴不安。

巡邏艇對我們這隻小船，似已不再生疑，此時，漁翁利用夜潮的推動力，使小船徐徐地離開巡邏艇。

不久，那巡邏艇損壞機器再度開動，又駛近我們，而用探照燈照射。

我不安了，我想我的生命可能在再度為巡邏艇接近時完結。此時我自帆布的縫隙中看到右前一百碼外有黑默默的東西，我問漁翁那是甚麼，他回答：「那是紅沙島。」

我囑他駛近——我想在必要時跳上岸去逃走。

在這千鈞一髮之時，我祈禱──

漁翁並未理會我的要求，他安詳地繼續駛他的船。

不久，那巡邏艇離開了我們而遠去。

當我從帆布內匍匐而出時，看到老漁人依然如石像地安坐船頭，我為我的驚惶而感到慚愧。

此時，老漁翁告訴我，當時點燃燈籠的原因，實為欲祛日人之疑，那時，日本人欲看清船艙內的情形，但是，燈籠的光太弱，他們不可能看到帆布之下有人躲藏的。

一個難關過去了，我們的小舟又在黑暗的大海上前進。

清晨二時三十分，我們的船駛抵中國海岸。

此時，有強風，港灣內波浪洶湧。我們的小舟在顛盪中徐徐地挨向海岸。老漁翁於距岸約五、六碼處下錨，以待天明。

他告訴我，現在已到了安全區了，但是，不能在黑夜登岸，因為在黑暗中敵我難分，我國游擊隊可能不先警告而射擊。

在風浪中，在祖國的海岸邊，我們等待着天亮。

一個恐怖的逃亡之夜終於過去了。

黎明，我登上自由中國的陸地。我伸展雙臂，吸呼自由的空氣。

這是一九四三年八月一日，星期日的清晨，我的生命史上一個重要的日子，這一天，原為我在香港宣誓就任中日醫學會會長之期。

第三卷

自由的追求

第十章

自由中國

一、在桂林和家人重聚

　　中國軍隊在退出華南沿海地區後，許多交通幹線以外的地區，為遊擊隊所佔領。沙魚涌即為此種由遊擊隊控制地區之一。此地的遊擊隊，有共產黨分子存在。

　　我的奔向自由的行程，將取道沙魚涌而入內地，為了旅途的安全，漢昌君先行登岸，與遊擊隊接洽，由我們付給保護費，獲得通行該區之安全，這與古老相傳的「買路錢」相似，至於保護費的收取，他們以人數及行李多寡而定標準。

　　漢昌在這一方面的交涉，進行甚為順利。不久，我上岸，隨便吃了些餅食，就往尋轎伕與挑伕。出乎意料，此地的苦力，竟全由女性擔承，她們從事這種劇烈的體力勞動而面有飢色。

　　於上午我們八時許離開這個簡陋的小市集，我乘轎而行，但遇到難行的道路，就下轎步行。

　　在第一段路程中，我們經過不少遊擊隊的哨站，每到一

哨站的門前，都掛有筐籃，我們每經過，漢昌必置錢於內。我曾問他，何以得知要沿路獻錢？他說，這並非規定的，完全出於自由奉獻，如果不捐錢，遊擊隊也不會要求。

我們經過一個遊擊隊哨站，那位隊長於檢查行李時看到了金雞納霜丸，他捏住了瓶，羨慕地注視，我看他面色蒼白，料其必為久苦於瘧疾者，於是，我開啟藥瓶，取數丸相贈，他為此而表示至誠的感激 —— 那時，內地藥物極為缺乏，有錢，不一定能購到藥。

我們於午後到達西坑鎮 —— 這一個地名我至今仍清楚地記得，原因是我經過那兒時，當地正為霍亂病所侵擾，死者甚多，而且，霍亂症由逃難者傳染至其他地區，戰時人民營養不良，對疾病的抵抗力較弱。因此，疫癘一生，迅即蔓延而造成巨大的死亡。我在途中隨時看到腐爛的屍體。

離開香港的次日午後四時，我抵達淡水，這是我投奔自由所到的第一個城市。

我所攜的國幣已經用盡，乃取出縫於內褲中的鑽石一顆求售，得回了兩大筐紙幣 —— 抗戰經濟，此時已到了非常惡劣的境地，通貨不斷貶值，一顆鑽石所換得的紙幣，需要僱人挑回旅店。

淡水是一個稍具規模的城市，但此時亦為霍亂病所困，

棺木亦不敷供應，路旁時有未殮的屍體，我很小心地飲食，阿爵為我的食具消毒，以期減免傳染的機會。

在霍亂恐怖中的淡水城，我住了一夜，次日出發步行而往惠州城。

惠州是國軍駐守的華南軍事重地，我們進城時，曾經過嚴密的檢查，當時，駐守惠州的部隊長名張光軍，人們稱他為「殺人王」，凡是發難民財及為不法者，一經捕獲，就地處決。因此，惠州治安情形很好。而且，惠州的市情安謐而熱鬧，我在旅館盥洗後，即出外觀光，街上人多，和蕭條的香港相比，不可同日而語了。

但是，惠州之為軍事重鎮，市面興旺而有活力，殘酷的戰爭在進行之中，惠州城，每天都遭到日機的空襲，雖然城內並無特殊的目標，但是，空襲仍不已。每當警報發出後，市民羣往郊外躲避，至解除警報後歸來，日日習以為常，我在惠州居住三天，就躲了三天的警報。

在惠州居留三日是為了候船。那時，由惠州往老隆的船隻極為缺乏，我所乘的一艘，名「白熊」號，是一艘笨拙的巨型渡船，以陳舊的汽車引擎作推進機。但因為海岸被封鎖，汽油不易獲得，該輪衹用樟腦油作燃料。由於火力不足，逆水而行時，船隻沉重而緩慢，像甲蟲爬行一樣地前進。有時，

還需要人力拉縴以為輔助。

這一艘船沿途時時修理，搭客在船上，提心吊膽，那不是擔心船出毛病，而是怕搶劫。由惠州到河源鎮之間的水路不靖，航行該線的船隻，雖然繳了保護費，但仍有被劫之虞。因此，船上有持槍的衛兵。而在經過一個叫「觀音廟」的地方時，全船燈火皆熄，全神戒備而過，直至河源鎮，才再燃燈。由河源至老隆一段水面，安全通暢。

由惠州乘船到老隆，費時七日，沿途風景幽美，有些地方，至今仍能回憶及。如有一處山上，建有高塔，這是風水迷信者的傑作，因對岸山形似婦人之下體，當地村民乃建塔以為鎮壓，以戢淫風 —— 船上人對此津津樂道。

在老隆住了一夜，次晨，我偕漢昌出覓貨車附載，我們找到了一輛一九三九年出品的美國貨車，看它的車胎比較完整，才與司機議定車費，攜行李上車。

這一輛車載滿了用麻袋裝盛的食鹽，幾齊車篷，麻袋之上舖一層稻草，以供搭客坐臥。此車共有七名搭客。

車行約半小時，行李與人互撞，我不能忍受，乃與司機相商，再付給一些錢，始得坐於司機之旁。

車過連平，到了著名險峻的牛背脊，此地山崗高達千呎，斜坡時有四十五度，有一段路作剃刀形，貨車如牛行，艱辛

地爬登山脊 —— 由於坡度大，車行慢，此地時時有商車被劫，在我們經此之前一日，曾有商車二輛被劫。

我們這一輛車很幸運地通過險地。三日後，我結束了逃亡中一段辛苦的陸程而到達粵北名城韶關。

韶關，亦名曲江，是戰時廣東省會戰區司令長官部所在。位於七百里粵漢鐵路之南部中點。

在戰時廣東的自由區，韶關是第一大城，由省城及港澳地區之至此者，人數甚多。我在街上遇到了不少熟人，因本身尚穿漁民裝，和相識者見面時，頗為尷尬，但是，朋友們卻全然不介意於我的服裝，他們殷殷相詢香港事情，並且邀宴。

經過一夜安眠，我才能真正地觀覽韶關，我曾到黃田壩一家大茶樓品茗，這茶樓位於河畔，風景很好，設備亦不錯，各界人士到此小憩的很多。在此地，可以看到各式各樣的人，其中多數是由廣州來的。

在戰時廣東省會，我居留了二十四小時，便乘粵漢路火車赴衡陽。再轉乘湘桂路火車赴桂林。

離開韶關的第四天清晨，從車窗外望，我看到紫色的山峰如削地聳立着 —— 這就是山水甲天下的山，我到達桂林了。

在惠州時，我即發電報通知住在桂林的家人，可是，我

到車站，卻不見親人來接。於是，我命漢昌和阿爵去僱人力車，我則在月台上看守行李。

桂林車站不易找到人力車，他們兩人去了甚久，才偕一輛由年紀很大的車伕拉的破車來。車載行李，我則隨車步行，我的十二指腸潰瘍病，在路上曾經發作，此時，步行甚為艱難。挨着到了家門，敲門甚久，始有一名女傭出來，不久，內子出迎，看到了我的漁民服裝，滿臉鬍鬚，憔悴枯槁的神容，使她大吃一驚，我從惠州所發的電報，她尚未收到。因此，她亦不知我已逃出香港，再者，謠諑紛傳，曾有人說我已為日本人所槍斃。因此，門前乍見，她幾疑為鬼魂。（在我到達桂林的次日，始收到惠州發出的那封電報。）

到家不久，親戚們紛紛到來了，首先到來的，是我的弟弟樹培及弟婦，其後，我的妹妹及我婿郭琳弼君都來了，我對他們感激不盡——內子與幼女芙貞，兩年來在桂林皆由他們幫忙的。

這一天，我家舉行慶宴——這是我逃出香港的第二十一日。

二、空戰勇士

到達桂林，心事放寬，當夜，有酣暢的睡眠，次日清晨，是空襲警報的聲響將我喚醒的。

桂林雖然是一個重城，雖然時受空襲，但是，人們對此並不緊張。奇麗的廣西諸山，都有天然的防空洞，當空襲警報發出之後，居民就走入這些防空洞中避難。

在炎炎夏日，進入天然底闊大的防空洞內，有陰涼的感覺。我隨家人進入山洞時，對新環境有喜悅感。我徘徊於洞口仰望，藍天上浮着裊裊薄雲，路上行人絕跡，在緊急警報之後不久，即聞隆隆機聲自遠而近。

我在洞口仰觀，很幸運地見着了空戰 —— 數約三十架敵機，包括零式戰鬥機及轟炸機，在侵襲機場的途中，遭到昇空的美機挑戰。在比數上，美機少，日機多。但是，我看到的空戰一角，卻是多數的日機敗逃了。事後獲知，此一役，日機損失三架。

和我同在一處躲空襲的一位官員相告，有一次，他曾目睹六架美國 P 四十型戰鬥機與六十架日機作戰。美國第十四航空隊的戰友，勇敢而善戰。

關於飛機的性能問題，P 四十型雖不及日本零式機之靈活，但機身構造堅固，裝甲較厚，因此，零式機一被擊中，就機毀人亡，P 四十型則尚能抵禦一時。

這是我到自由區的第一回經歷。

在這一次警報解除回家後，我的十二指腸潰瘍又發了，祇能登床休息，朋友們的邀宴，也祇能謝絕。

這一次的病倒，當係旅途勞頓與飲食不節所致。由舍弟樹培為我治療，五日之後，就恢復了健康。真正認識山城桂林，是從那時開始的。

桂林，已成了華南沿海地區的難民集中地，此地有畸形的繁榮，但物價因人口的集中而騰貴，舶來品亦能購到。不過，價目驚人。

在桂林居留期間，我經常到英國和美國新聞處的圖書館閱書，在香港的一年半時間，使我和外界完全隔膜了。這時在圖書館裏充實自己，我對十八個月之時局有一個明確的了解。

桂林有不少美國軍人，他們遠離家園而在異國為人類全

體的自由而戰，獲得中國人的尊敬與友誼，雖然偶有不愉快事件發生，但大體上，合作融洽。

同時，戰時桂林，也有「小香港」之稱。這是由於居留該處的香港難民甚多之故。因此，我有許多朋友在，應酬亦為之頻繁。有時，宴會時會抵觸，有一次，前養和醫院之男護士陳國光君，在中國陸軍完成了兩年醫事服務而設宴相慶，我被邀，但同時有六位香港醫生設宴祝我逃脫成功，致使我不克分身赴陳君之宴。在六位醫師的宴會席上，還有陳策將軍在，他曾協助香港守軍抗戰，香港陷落後，復率英海軍七十人，突圍逃亡。陳將軍有一木腳，逃亡時艱難倍增，而逃亡中又有一臂為機槍擊傷，但他以他的智慧和勇敢，卒能率領英兵逃出。英皇喬治六世，為此而授予陳策將軍爵士銜，以表謝其領英軍逃亡之功。

陳策將軍於參與是晚之宴會後，即赴昆明，他將我逃出香港之事告知在昆明的黃強將軍。黃將軍為我之好友，他得知我的消息，立刻電告在美京之宋子文博士，其時，宋子文博士為中國供應團團長而駐華盛頓。

數日後，宋子文博士來電，賀我逃亡成功，並詢我是否可赴美，同時說明，如能赴美，可飛重慶在其寓所暫住，辦理出國手續。

宋博士眷眷之意，使我感動，但對於美國之行，我亦躊躇未能決定——十八個月的地獄式生活加上逃亡的勞瘁，我極欲在桂林休息，但是，能為抗戰中國服務，亦一佳事，此夜，我召開家庭會議，徵求家人的意見。

家人們皆建議我接受宋氏之邀，為抗戰服務，同時，赴美之後，亦可接受治療十二指腸潰瘍。

這樣，我電復宋博士接受邀約。在桂林小駐，又走上萬里長途，而且，也因此而經歷了抗戰後方的兩個名城——昆明和重慶。我乘美國軍用機飛昆明再轉重慶。

這是一段新的旅程。

在離開桂林時，我在機場看到了在空戰中表現悍猛的四十型戰鬥機。這種飛機的前端，漆繪鯊魚之狀，口紅如血，利齒猙獰這形狀，對於生長島國的日本飛機駕駛員應有心理作戰的功用。

三、戰時名城 ── 昆明

　　昆明為雲南省的省會，中國許多個重要的城市之一。昆明與法屬安南（今越南）有滇越鐵路相通，在中國抗戰的後期，沿海地區淪陷與被封鎖，昆明成了南陲的交通要道，中國對外空中交通，以昆明為中心，飛越喜馬拉雅山的駝峰而至印度。而在太平洋戰爭發生後，滇緬（緬甸）公路之中國終點，亦在昆明。昆明與戰時首都，亦有公路相通，且為主要交通線。

　　交通線上城市，例必繁榮，戰時的昆明，繁榮而富庶。

　　雲南在西南邊區是富庶之一省，由廣西乘飛機前往，一入雲南境內，即可看到農田連阡，一片青綠，雲南土壤為紅色，映照河水，在飛機上下望，紅色的河流蜿蜒於青山翠谷之間，別饒佳趣。

　　昆明的天氣良好，在中國極著名。這城市海拔六千尺，由一大湖岸伸展，四周圍有玲瓏的小山點綴。昆明的夏季，

氣候溫和，有如美國中西部的春天，冬天亦不寒冷。可以說，這是一個四季如春的城市。

昆明市區，集古今之大成，有新式建築，亦有古老的牌樓，公園設備良好，雖然經過日機多次轟炸，但該城的生活秩序，亦未被破壞。

我在昆明小住，等候赴重慶的飛機位——昆明機場，可能是世界上最繁忙者之一，幾乎每一分鐘都有飛機昇降，但是，欲取得赴重慶的機位，卻相當困難——我受到好友黃強將軍的接待，曾同遊昆明郊區著名的溫泉。由城中乘汽車前往，三小時可達，那是一個風景幽美的區域，通向山頂的道路，傍湖而上，美麗的滇池，中有小島，湖中有漁舟，湖邊田阡，一片青綠，天高雲淡，這地方將來必會成為南中國避暑勝地的。

雲南省遠離海岸，因食鹽及肉食缺乏碘質故，多有患甲狀腺腫者，這種大陸性的疾患，在歐州的瑞士及美國中西部亦屬常見的。

美國第十四航空隊的總部在昆明，著名之飛虎將軍陳納德駐於昆明，我得到他的協助而取得赴重慶的飛機位。我為此而去拜訪他致謝。我們相見時，陳納德將軍忽然向我致意，他說出我曾挽救了他的女秘書。

此時，陳將軍的女秘書杜蓮來柏夫人出來了，向我致謝意 —— 我在看到她時，才領悟陳納德將軍之言。那是一九四二年的事，日本人在香港搜捕美國籍的來柏夫人，欲將其拘入集中營，當時，來柏夫人求我相助，我以醫院的救傷車協助她逃亡。來柏夫人終因此而逃出，獲得自由。

陳納德將軍等和中國抗戰，有密切的關係，在太平洋事變前，陳納德將軍即以義勇軍身份，領飛虎隊為我國作戰，直到美日之戰發生，陳納德才正式歸隸於美國空軍。他是果敢毅勇的將軍，和中國朝野均有良好之友誼。他和他的僚屬在中國戰場上的戰功，是中國人民歷久不忘的。

大戰結束後，陳納德將軍逝世，以英雄身份，葬於華盛頓之雅靈頓國家墳場。

我離開昆明之前，一次偕友人入美軍食堂借打電話，餐廳中坐滿了美國空軍人員，我進入時，忽然有一位空軍軍官起身，為我向全體介紹，他說：

「各位，這是李樹芬醫生，宋子文博士的好友，現將前往美國。」

這一介紹改變了餐廳中的氣氛，有許多人高呼，欽羨我能赴美，顯然他們服役於異國多有思鄉病，繼而許多人託我帶信，我接受了，但是我告訴他們，我沒有外交豁免權，只

能帶開口信，他們歡呼着，匆匆地寫信，都不封口，並請我閱讀。當我離開時，他們又為之歡呼。這些信，我在機上的略看了幾封，多是寄母親及情人的，遠征者親情，躍然紙上。

　　由昆明飛重慶的軍機，乘客是國際性的，以美籍軍人為多，其次是英國人。飛機的設備雖較一般民航機為簡陋，但空航途中卻很愉快 —— 在航行的中途，副駕駛員向乘客宣佈新聞，説意大利的獨裁者墨索里尼已經倒台了。

四、戰時首都 —— 重慶

飛機把我從雲南帶到四川來了。

俯視高山環抱，叢林密佈，使我想起這「天府之國」，不特農產豐富，尤盛產中醫所用的藥材，即世界所採用名貴藥料，也有部分是產生在這個地區的。

很快，中國戰時首都就出現在眼前了。重慶四面皆山，位於揚子江上游與嘉陵江匯流之處，揚子江為中國最長的河流，下游河道淤淺，祇可作為小輪運輸河道，而不宜於航行巨艦，重慶由於四面皆山，並無平原，亦不適宜於機械部隊的作戰；還有重慶多霧，每年除冬季外，整個上午至中午幾全為濃霧籠罩，減少敵機空襲機會；天然岩穴又多，闢為防空洞，對市民避難，尤覺安全。有此優越的地理環境，作為戰時首都，我想，實在是一個最明智的抉擇。

航機飛抵重慶，在上空環繞一匝後，便降落河中小機場，此機場乃係利用河灘建造者。

我即乘車到「牛角山」背的宋子文博士寓所，這是建在山麓密林之下，環境甚清幽。

與宋博士的秘書長江博士見面之下，暢談甚歡，並設宴為我洗塵。時有一年青中國航機女侍應生，由加爾各答到此，她的任務，是向宋博士的秘書長江博士報告訊息。其中一項云：「頃自友人處得到消息，謂李樹芬醫師，已從香港脫險。」

江秘書長故作神秘說：「真有其事嗎？我不相信！」

我知江秘書長向她開玩笑，我說：「我是最熟悉這個李外科醫師的，他怎能在日兵監視下逃脫呢！」

我們在哈哈大笑中，江博士把我介紹和那位空中小姐認識。

翌日，蔡秘書和我觀光這個一派新氣象的戰時首都重慶市。

這真可以說是一座山城。市區環繞在一座山上，街道狹窄而且彎曲，在半山的交通大道，首尾相隔有數英里之遙。街道上各種車輛及行人，非常擠擁。

由於常遭敵機轟炸，政府已一再勸導市民疏散，但人口仍由五十萬增到二百萬之多，原因是不願作順民的淪陷區居民，不斷湧來所致，所以，這座山城，直如一個最繁

忙的蜂巢，此為我所見到經戰禍破壞的城市中最熱鬧的一個。

重慶街道上可憎的泥土，其令人沉悶之處，實僅次於天然的濃霧，泥土作棕色，積厚而又有黏性，遍地皆是，這是由雨水從削斜土坡沖至街道上的，由上至下，由高及低，所以，有街道就有泥土，使人有「蜀道難」的感慨。

重慶天氣，全年溫度極高，故令人感到沉悶。四川地勢雖高，有中國瑞士之稱，但夏天苦熱而冬季苦寒，對農作物自然大有裨益，但對人類還不能算是一個理想的生活環境。

政府機構，大都分散在市區，以避免敵機轟炸。宏敞住宅，多建於歌樂山及南岸海棠山上溪，山光水色，天然環境，頗覺怡人。一般屋宇，可稱現代化，市區商店，多為兩層或三層磚木樓房。郊外店戶，建在離河岸數百尺高的斜坡，用木柱支架，有如棧道，頗覺奇特，亦頗危險，但居民卻安之若素。

重慶雖屢遭敵機猛烈轟炸，但不見破壞痕跡，因為當局對於清除受災現場殘餘，至為積極，而居民對於重建家園，亦以工料便宜，建造簡單，不日就可恢復舊觀了。當時，流行的建築物，名為「竹織批盪」，用磚或木作支柱，編竹為牆，

塗上泥灰，以瓦或稻稈作頂，略加修飾，便成為一座很適用的房舍了。

重慶市況，大致和昆明、桂林相同，糧食豐富，唯缺乏肉食，所以售價很貴。但一般農民──過去我們認為窮苦階級的農民，都受到戰時的畸形賜予而變成富裕了。因彼輩有固定的農村生產，而社會的需求日多，價格又隨着供求關係而抬高所致。至於勞力的工人和小商人，收入亦均告增加，所以生活過得非常愉快。比較清苦的，仍是白領階級：如教授、教員、公務員及靠筆墨糊口的文人，由於通貨膨脹的影響，他們祇好在朝不保夕的經濟動盪中艱苦奮鬥。

我身為醫師，且曾任衛生官員，故對重慶非常時期的醫學上的問題，極感興趣。當時曾有日人採用細菌戰的傳說，我更竭力去尋求事實的真相。事實上，我在香港陷敵時期，是曾親眼看到日人的殘暴行為的，我認為日人的不惜違反國際公法，不顧人道而使用細菌戰，是並不稀奇的。

重慶第一流醫師甚少，可能因新儀器新藥品缺乏影響所致，但各醫院的服務精神及效率仍高。

中國紅十字市民醫院院長胡蘭生，前係上海之先進外科醫師，亦係我的摯友。該院院址雖甚簡陋，但有現代的完備設計，院長及所有職員的服務精神極佳，經費小而收獲大，

真令我敬佩不置。

至於在前線服務的中國紅十字救傷隊，自戰爭爆發，即隨軍服務，輾轉千里，備極辛勞，但精神之充沛，工作之努力，始終如一，更屬難能可貴了。

由上海遷至重慶的上海醫學院，在歌樂山麓重張旗鼓，院長朱桓璧醫師，慘澹經營，規模已具，該院面對美麗山谷，林木青翠，環境極佳。學生頗眾，大都來自淪陷區，負笈千里，用心至苦，志更可嘉，教授中亦有來自香港者，如我的朋友王國棟醫師便是。學院附有醫院，為市民服務，一如重慶的其他的醫院，經常住滿病人。

朱院長曾對我談及該院的情形甚詳，財政支絀，實驗室設備不完，實為困難中最困難的焦點。朱院長舉例說：「各種顯微鏡多欠缺按目鏡，或有按目鏡而無透鏡。」所以朱院長曾要求我到美國後，代向有關機構查問，可否將次等或剩餘的儀器送院應用，這自然是我樂於效力的。

重慶國立衛生管理處主任金寶善醫師，係負責研究非洲黃熱病及印度霍亂症傳入等問題，蓋中國衛生當局經常戒備黃熱病的侵入，因中國有一類蚊實與非洲傳染黃熱病的蚊種相同。該機構總部設在重慶郊區之新橋，不受敵機轟炸威脅，故管理處內的科學家，得以安心從事研究。

當我和金醫師及各部長午餐的時候，我曾詢問金醫師關於日人施用細菌戰的情報資料。飯後，金醫師偕我往訪主管流行病各部門，並介紹管理處派往常德前線考察歸來的高級微菌學家相見。常德乃湖南省戰略上的重要市鎮，握省會長沙西北部咽喉，日人曾三次圖取長沙，但均被擊退，故日人亟欲摧毀常德的防禦工事。在一次空襲中，日機多架飛繞該城，曾投下炸彈多枚，但爆炸時，各彈冒出不尋常的黃色煙霧，數日後，古城常德便發生歷史上首次的鼠疫症。

在常德一帶，向無此症發生，衛生管理處綜合各方情報，對於日人是否投下細菌炸彈，十分懷疑，當即派出細菌學專家乘機前往視察，搜集炸彈爆發後冒出的黃色物質，攜回檢驗。結果，證明係屬鼠疫桿菌或鼠疫症菌無疑。

當時日方間諜及漢奸，雖密潛我後方各城市，但日人卻未知常德已發生鼠疫。因我方對於防疫工作，非常重視，對這種人為的地區性的疫菌，不數日間便為我方防疫人員撲滅了。

後來，我們進一步研究，日人既施用細菌戰，為何僅限於一個小地區？原來，那時美軍已作了第一次空襲東京，美機自可繼續在日本各城市施行空襲。同時，盟軍方面，已將

日本對常德施用細菌戰爭事件，電告盟國，並警報日本，立即停止投擲細菌炸彈，否則對日本土將施行同樣報復。所以，日本便不敢再輕於嘗試了。

第十一章

西行

一、印度插曲

　　一九四四年一月，得到宋子文博士的幫助，我便乘民航機由重慶飛往昆明，並受到宋博士友好的殷勤招待。宋博士令弟子安君，知道我此行由昆明順往加爾各答，必須轉乘美國軍用機，而美國軍用機的座位，係用鋁質製成的兜形硬座，故特送我一個特備的軟墊。

　　軍機由昆明飛加爾各答，須騰空飛越喜馬拉雅山的高峰（即駝峯），且係晚間飛行，避免敵機襲擊。此次航行，寒冷異常，且充滿緊張氣氛，該鋁質座位，竟冷如冰塊，因機在一萬七千餘尺高空飛行，機內又無氧氣設備，乘客常要張口呼吸，與缸裏的金魚無異。假如不是子安君送我軟墊，旅途當會更苦了。

　　經長時間飛行後，軍機在喜馬拉雅山以西的一個印度機場降落。

　　使我感到驚異的，是我在街頭所見到的印度苦力，彼等

骨瘦如柴，四肢大小幾如筷箸大小。印度飢荒的慘象，我已從報章報道所知，如今活現在我眼前了。

在月明似鏡、夜涼如水的機場上，我已會晤到迎接我的朋友。我踏上他們的汽車向城鎮駛去，沿途見到牛隻甚多，因為牛在印度宗教上被視作聖物，無人敢予傷害，甚至驅逐亦不可。所以在街道，牛任意閒行，礙塞交通。使我疑問的，就是英國為何能容忍印人留存這種頑固的迷信習慣呢？

加爾各答市區，道路的污穢和居民的懶散，確令人不無反感。戰事雖迫近印邊境，惟此地卻充滿寧靜悠閒氣氛，市面情形，如果和中國的重慶、昆明及其他城市比較，真有天淵之別。

印度中部及西部的人民，對中日戰爭前途，不關痛癢，也不問勝負，唯東部如加爾各答等地的人民，大都偏袒日方，我係從日本殘酷統治下的香港逃走出來，所以對此地印人的心理，不祇感歎，抑亦覺其太過愚蠢。

有一天晚上，我和到這裏配製木腿的海軍司陳策將軍同乘汽車夜遊市區，都市的夜生活一樣繁華，夜總會、遊樂場等等，均告客滿，顧客雖有各國人士，仍以本地印人較多，有穿軍服的，有穿土皇服的，大喝大吃，盡情歡樂，與街上的飢民，蹣跚路上，簡直是兩個世界。

一般印人對自己民族前途，似乎已經失去信心，彼等經過數百年的糧食缺乏，對飢荒、戰爭、疾病、死亡、似乎已置諸度外，不怨天，不尤人，更不會尋求補救辦法。至於那些印度教的虔誠教徒，更堅信人生受苦，係一種必然過程，祇有死亡才能踏上極樂世界，更無怪他們祇有絕望了。

我遊印度，本來已經多次，惟每次所得的印象相同，社會上貧富不均，富者愈富，貧者愈貧，幾無中間階級。事實上印度國家富源，取之不竭，但一般國民仍以貧困者居多，誰令為之？孰令致之？真是令人難解了。

印人在飢餓、貧困與疾病三大威脅之下，無怪平均壽命祇達到三十五歲了。

更有一劣點，就是印度人的宗族觀念，世代相傳，階級分明，由最高級的婆羅門教徒以至最低級的乞丐，好像命中註定，有如神與狗之分，貧富的對立，自然永遠無法改變了。

我在印度，由於一般習慣，日常食品，多滲入咖喱，因此，我的宿疾十二指腸潰瘍，又突然復發，迫得臥床靜養，大有度日如年之苦。

我曾一度被指為日本間諜，被押解新德里鞠訊，經過兩日的詳細調查，才以清白之身獲釋，此種莫須有的拘訊，實屬侵害人身自由，我表示憤怒和抗議，結果，控我的英籍將

官，曾對我供給他的日方動態表示謝意，並提議送我入醫院治療潰瘍病，但我拒絕其好意，彼實應該向我道歉，方算合理也。

自經此次意外後，我即乘單引擎的水上飛機從新德里順往加拉治，然後轉往倫敦。

二、倫敦空襲

　　我前次離開倫敦，係在一九三九年間。當時正值英政府執行戰時法令，實行疏散婦女、兒童及無居留市區必要的居民。我係中國籍僑民，與英政府民眾動員服務無關，所以也在疏散之列。

　　當時我住在英南部白林登酒店，從廣播中，聆悉英首相張伯倫已宣佈對德宣戰。所以轉瞬之間，雍容閒適的倫敦充滿戰時景色。英國一向反對戰爭，此次參戰，自然係迫於國際形勢，所以一般英人，皆面有憂色，但對國家總動員，顯然是舉國一致的。

　　一九四四年，我再度赴英。英國雖經四年多的參戰，民心猶堅強如昔。倫敦市區，已被炮火毀壞不堪，市民飽嘗戰禍，在艱苦中仍表示出堅忍不拔的意志。英國屢陷險境，但仍為四強之一，顯非因有巨大國外投資所致，實因英國此種的堅強民族性格使然。

　　在炮火下的倫敦，商業並未停頓，一般商店與百貨公司

櫥窗，仍是種種式式，應有盡有。

政府施行戰時配給制度，相當嚴厲及完善，不分官民，不分階級，任何人不得囤積居奇。最欠缺的為食糖，因我嗜好甜食，故此特別關心，也特別感到遺憾。

當時我寄居倫敦 Welbeck 旅店，在一次早餐中，當侍者端上一碟麥片的時候，他左手持一糖盅，右手持一茶匙，彬彬有禮的對我說：

「先生用麥片，需要糖嗎？」

「當然要的！」我答。

侍者乃將茶匙撥糖少許，像使用食鹽似的，把糖灑在麥片上面，立即離去。我因嗜糖，祇好向鄰座客人借取糖盅，但以天氣潮濕關係，糖盅蓋上的小孔，已為溶糖密塞，我正把蓋子扭開時，侍者已出現在我身旁，向我盯了一眼便把糖盅拿走。這也說是英國戰時景色之一了。

當時旅客投宿旅店，祇有數天的時限，Welbeck 的期既滿，我祇好搬到 Mayfair 去住。

早上七點半，侍者端來早餐一客，將餐盤重重的放到檯面，不發一言，便告離去。我覺得這不是禮貌不禮貌的問題，而是過份武斷了，我對他說：

「你知道我喜歡吃這些東西嗎？」

「此時此地，誰都沒有選擇的餘地了！」說完便掉頭走了。

這是戰爭時期，我不是厭食用簡單，而是說人的性格也跟着躁暴了。英國的侍者粗魯不文的習慣，直至現在仍不肯改。

在假日，倫敦市面，祇見美軍雲集而少見英兵，幾使人以為倫敦已委由美軍管治。實則英軍在假期，大都返回鄉居與家人團聚，而美軍反多到倫敦度假也。

英人對於空襲，已由倉惶奔避而變成安之若素。在一九三九年間，祇要第一次警報訊號發出，居民便扶老攜幼紛紛走向防空洞躲避，即偶有遲延，警察亦催促急行，但至一九四四年時，即遭空襲，居民已若無其事。這是惰性還是慣性？我卻無從下斷語了。

我抵倫敦不久，即遭遇到一次頗劇烈的敵機轟炸，我立即朝向旅店的地下防空洞走去，當我經過客廳時，見有數人閒坐談天或在梯間抽香煙，經過四樓時，走廊上更有多人圍桌喝咖啡。當我進入防空洞後，四顧空無一人。事後，我對那些喝咖啡的朋友問：

「其他客人，走到那裏去了？」

「都留在自己的房間裏。」

「為甚麼不到防空洞去呢？」

「我們已躲避多年，現在，已厭棄這種徒勞往返的蠢事了。」他笑着說：「死生有命，聽天由命也可！」

我在倫敦時，已知道日人在香港強迫滙豐銀行印發鈔票事，但勝利後，港鈔照樣通用。這是因為遠在日軍佔港前，滙豐銀行將價值數千萬元的銀幣運往倫敦作儲備金。此項措施，不但可以維持港幣的信用，更可免內地港幣持有人的損失，因在淪陷時期，日人雖強迫居民以港幣兌換軍票，但大部分華人，因對英國具有信心，收藏港幣的正大有人在也。

我的十二指腸潰瘍宿疾，時發時癒，凡歷多年，在倫敦時，曾往聖湯馬士醫院（St. Thomas Hospital）尋訪多年知交的外科白烈醫師（Dr. Norman Barrett）但彼極力反對我在英接受手術，並說在這非常時期，醫師與護士，隨時均可能調派他處，並說，如果決意施行手術，為何不到美國去。但我不同意他的說法及主張。我更到愛丁堡訪問我的另一個知交菲莎爵士。菲莎爵士，是一位名聞全世界的外科專家，但彼亦勸我不要在英國治療，也主張我到美國去，並且建議我在著名的美奧兄弟醫院留醫。

我返倫敦後，親友也一致贊成我赴美徹底醫理。在赴美前夕，英政府正舉行歡送殖民地部次官德溫郡公爵午宴，因我曾任香港立法局議員，致被邀赴席，參予者有輔政署要員二十二人，經此盛宴，我便於該年三月十一日乘「大西洋」號軍用運輸船（即前之瑪利皇后郵船）赴美，至此，乃和鬥志堅強而勇敢的英國暫告分別了。

三、自由之國

當輪船駛進紐約港口，最先映入我的眼簾的，是一座高舉火炬的巨大石像，這就是名聞世界而作為美國象徵的「自由神」。

我本來經過此地已經不少次，可是並未留下深刻印象，但此行卻大有所感，因我國正遭受日人侵略，我目睹淪陷區同胞飽受壓迫的痛苦，於是更認識到人類自由的可愛和自由的真諦。美國以「自由神」作為標誌，秉國者對人民自由的尊重，乃至對世界人類自由的維護，可以說是昭然若揭，但願這光明的火炬永遠照耀着人類的前途！

「在中國可見到戰爭，在英國祇可覺得有戰爭，在美國則祇聽到有戰爭」，這是當時的流行語。當我在第五街閒行的時候，真的感覺不到有戰爭，自然更不會看到戰爭了。

第五街為紐約繁盛商業街之一，各公司堆滿名貴貨品，市民衣服麗都，熙攘往來，怡然自得。念及祖國，遍地烽煙，

相形之下，真是人有禍福，國家亦有興替也，不禁憮然者久之。

在第二次世界大戰中，炮火雖曾燃及珍珠港，可是，在美國國境，仍是一片樂土，但美國對盟國間的經濟援助，已盡了最大的責任，同時更派出八百萬人員，參與各戰區的戰役，並動用全世界最強盛龐大的海軍，這種為世界正義，為人類自由的偉大貢獻，實在是令人欽佩與崇敬的。

美國豐富的資源，和人民高度的物質享受，實由治國者的主義與政策良好所由來，亦即人民有自由競爭、自由發展的機會，國民的經濟優裕，實在是由每一個人以血汗換來，以努力爭取，而絕非倖致者。

我在美國，目的原是就醫，所以我的目的地，係米尼蘇達省之美奧兄弟醫院。當我途經芝加哥時，曾訪晤我的長女芙馨，及參加美國腦科學會週年紀念大會，且被聘為該會督察。後來更到鄰省，和我的次女芙蓉團聚，然後進入全球聞名的設備最完善的美奧兄弟醫院。

經醫師診斷後，亦勸我不必施行手術，蓋以年齡關係，又因胃納已減，對於手術的成功，僅有百分五十希望。認為最妥當的治療，仍一般的節制飲食與休養為宜。因此，我祇好還從醫囑了。

痊癒後，我仍重返紐約，與長次兩個女兒，共度快樂的聖誕節。使我念念不忘的，就是尚留在桂林的親屬，因那個時候，敵人攻陷長沙，繼續南下，戰火已經迫近桂林，後來知道內子與幼女及其他戚友，已及時疏散到貴陽，直至貴陽也受到戰事威脅時，得宋子文博士的幫助，舉家又疏散到重慶去了。

　　由一九四四年直至翌年十一月，我在美國任中國駐華盛頓供應委員會醫務顧問，兼聯合國代表團三藩市會議顧問。在任期間，曾偕宋子文博士赴加拿大訪問該地總督雅德隆伯爵及其夫人雅麗絲公主（即英女皇維多利亞一世的孫女）。繼而謁見首相麥敬時先生（現在已故），在首相官邸，流連半日。我還記得當我們三人在花園散步時，宋博士與首相談及國事，我乃故作距離，以便他們密商大計。及返官邸，抵達閘門時，這兩位國家大員，各將一門拉開，讓我先行。這雖小事，我實引以為榮，銘感無既。

第十二章

重返香港

一、再度穿上白色醫袍

日本宣佈投降後，我即於一九四五年十一月由美國趕回香港。以董事長兼院長資格，收回養和醫院。

當我重返這所離別了不及兩年半的醫院時，已和原來面目全非，實在令我驚駭沮喪之至！樓房的窳敗和失修，固然荒涼得不堪入目，即內部各種設備，如手術儀器及其他設備等，幾乎全部損壞。

據留職醫院的護士長林玉蘭女士說，所有病床應用的毛毯及床布等物，幾乎已被全部「吃光」了。我驟聽之下，以為必然為白蟻蛀蝕了，豈知卻是被人吃去。原來香港陷敵既久，院方收入無多，糧價又復飛漲，在經濟極度困難之下，祇好將那些將來容易添置而又為一般人合用的毛毯床布，陸續出賣，作為駐院員工伙食之用，環境迫人，實在也是無可奈何的。

自英國恢復統治香港後，由一九四五年至一九四八年間，

是我負責醫院業務最艱苦的時期，苦心策劃，戮力營謀，乃得規模復具，業務重振，而樓宇的興建，可以說是遠達高峰。按照規定計劃，病床已增至三百五十張，並準備增至五百張，這樣，便可成為遠東甚至全世界規模最大的私立醫院。

養和醫院的病床費用，每日有低至四元，並設有若干病床，專作慈善之用，此等病人，係屬免費診治者。

醫院中西膳食的供應，可稱價廉物美，常有藉探病為名到院用膳。營養豐富，可比牛乳的豆腐漿，尤為大眾所歡迎。

談到飲食，我們烹飪之佳，實冠全球，尤以廣州為最。故有「食在廣州」之諺。事實上，世界各大都市，均有以廣州廚師為號召的中國菜館，例如巴黎，在過去二十五年來，我每年必到一次，且每到必嘗試法國餐及中國菜。我曾與法國人士，談及中國烹飪技術，實在全世界之最優者，但法人不敢苟同，也許因為在西方食譜中，法國烹飪，乃佔世界首席的緣故。

外國人所熟知的中國菜式「雜碎」，實起源自我的家鄉台山，正式的「雜碎」，係以小片的雞肉，加入冬菇，冬笋，荸薺（即馬蹄）等拌合炒成。當我幼年居住台城時，一八九四年間，我已嚐到此菜。這種食譜，在台山是十分普遍的，而移居美國的又以台山人為多，所以「雜碎」便流行到美國了。

我在一九二三年，代表廣東公醫醫學院赴美籌款時，已獲知紐約一市，已有「雜碎館」一千間之多，主持人大都為在「尋金熱」時期到美落籍的台山人。所以，台山人至今仍把三藩市稱作「金山」了。

二、發展驚人的香港

香港和大陸，過去在經濟上，貿易上均唇齒相依，關係十分密切，自大陸易手後，省港交通，頓受阻塞，不絕如縷，影響之大，可以說是史無前例的了。

這時我已重返香港，香港復元經濟，建設之速，至為驚人。香港本來是一個世界商業轉運站，除對大陸貨，形格勢禁外，世界各地通商，很快就恢復過來。

一九五〇年，美國實行對大陸禁運，香港轉口商業受到牽制。但從大陸蜂擁而來的同胞，一方面固然增加了香港的煩難，另方面卻繁榮了香港，因為內地工廠，部分遷港，富商也挾資來港重操舊業，如紡紗廠、織造廠、製衣廠、玻璃廠、鋁廠，及熱水瓶、手電筒、塑膠器皿及塑膠花廠等等，全面建立起來，把香港由商港變成工業港，不祇穩定了香港的經濟基礎，同時也容納了大量勞工，繁榮了香港的商業，中國人的堅苦卓絕精神，真是驚天地而泣鬼神的。

不十年間，香港已成遠東最繁盛的港口，這顆「東方之珠」，光芒照耀到全世界去，所以，香港已成為全世界遊覽的勝地，國際水準的第一流酒店，越來越多，各國航空公司達二十五家，旅遊事業，近年已成為最值得驕傲的新興事業。

世界各地遊客來港，對於香港風景的美麗，可以說是眾口一詞，又因香港乃係一無稅口岸，各地爭取出口貿易，在港銷售的貨品，價格常比出產國為廉，如日本產品及美國產品便是。而香港產品，尤其是各種加工製品，以工資低廉關係，貨品精而價錢便宜，所以香港就被遊客稱作「購物者的天堂」了。

至於香港交通，公共交通車輛，已密如蛛網，因人口太密，仍感不足，成為嚴重問題之一。香港、九龍一水之隔，雖無橋樑，但渡海小輪，遍佈交通要點，行客稱便。至於新界方面，公路四通八達，公共車輛，也極度繁忙。外來人士，及假日的香港居民，大都到郊外度假，因為郊區風景固佳，田園風味，更是慣住都市的人所嚮往，登山涉水，白酒黃雞，別有一番風味也。

港島以中區為商業重點，建築宏偉的銀行林立，第一流酒店也集中此區，有名氣的商行及寫字樓，密如蜂巢。近數年來，古老的建築物，幾乎全部拆卸重新改建，摩天大廈，

矗立雲霄，建造工程，方興未艾，數年之後，想又一番新面目了。

　本港戰前人口，僅七十餘萬[26]，目前已超過三百五十萬，居住、交通、食水、醫療、衛生、教育等，均有不勝負荷之感。政府對於居民住屋問題，曾盡了最大的努力，廉租大廈，徙置大廈，不斷興建，以容納中等階級及貧苦大眾，但山頭木屋、天台木屋，仍無法清除。因為本港人口，在一九六二年統計，每日竟增達一千餘人，加以陸續由大陸逃港的難民更無法統計。居住問題的嚴重，可以想像了。

三、現代美國大文豪海明威

　　我數十年所患的十二指腸潰瘍症，經治癒後，精神大振，對事業及社會活動，顯見活躍得多。治療經過，諒有不少人願聞其詳者，現在憶述如下。

　　我在一九四五年間返港後，獲知在紐約的友人徐醫生對十二指腸潰瘍有新發現的治療法。翌年，我便再到紐約求教，但晤面後，始知彼已準備起程，應我國國防部長陳誠之邀（現任副總統），為其治療同樣病症。所以未及為我診治，但囑其助埋醫師代為照顧。該醫師為意大利人，悉遵徐醫生的新法為我治療。

　　在十六日內，即將我的痼疾治愈。治方亦很簡單，為每日每三句鐘服食蛋白質，營養素一次。在紐約之比理會醫院（Bellevue Hospital）曾有多名此症患者，也是用這個方法治癒。

　　因患者必不能多進食，以致營養不足，故須服食上述藥

物，等到健康較佳時，始開始施行手術。但患者均不願接受手術，因服食該藥後，已不感痛苦了。徐醫生的新治療方法是基此而來，也可以說是偶然發現的。

一九五七年十月，我在非洲狩獵後，（前文已有敍述）即常到歐洲各地旅行度假。在巴黎時，一位女朋友對我說，為甚麼不到古巴訪問名作家海明威呢？我覺得這是一件有意義的事，於是便動了到古巴去的念頭。那位小姐，更決為我去函先容，我便在翌年，歐洲旅行完畢後，在一月乘坐飛機到古巴去。

古巴的首都是夏灣拿，這位名作家的寓所就在首都的郊外。此公喜歡人家稱彼做「爸爸」。

海氏每年在七月四日美國國慶日，例在別墅附近的小山坡上鳴放小型野砲多響，作為慶祝。因此，古巴人大都知道此人，也知道此人的寓所，因被人給予一個「瘋狂的美國人」的綽號。

海氏的寓所，名 "La Finca"，我抵達時，見到門前豎着一塊大木牌，上面寫着「如無預約，恕不接待」幾個大字。當時我十分尷尬，也感到有點冒昧，因我既沒介紹函件，也未知我的女友有無先函介紹，但忽然想起我的知友宋子文博士曾和我談及和海氏頗有交情，因此，我便憑着這一點，逕自

敲門請見了。

豈知我一說及宋博士的名字，即受到這位大作家破例的歡迎。原來海氏之所不願隨便接見客人，實因工作太忙，而到夏灣拿的遊客，無不希望能夠一瞻這位大文豪的風采，因此，祇好稍作限制了。

我對海氏的景仰，除文字外，還有更吸引我的，就是他老人家同時也是一位著名的狩獵家，所以，他是被稱為文學家中的唯一體育家。

海氏的父親，也是一位名醫，彼之叔父亦曾在我國山西省為傳教醫師。海氏喜歡乘船出海垂釣，也和我的嗜好相同。「老人與海」，正可作為他生活的寫照了。

當我進入他別墅的大門時，發現海氏的房舍與庭園，均有一幅高大的磚牆圍繞。踏進客廳，便會晤到這位一代文豪和他的「媽媽」了 —— 他對太太經常稱作「媽媽」的。

我自我介紹後，彼此暢談甚歡。海氏更高興地把他和他的太太在非洲所得的獵獲品，介紹給我觀覽，並詳談經過，狀至得意。這些極為難得的珍品，我相信任何狩獵家都亟欲一觀而為之讚美不已的。

在進茶點的時候，我曾和他談及寫作問題。

「先生寫作，喜歡在甚麼時間呢？」我問。

「清晨五時開始，直至十時為止。」他說，「不過，興之所至，有時是寫到午餐前才擱筆的。」

「其餘的時間呢？」

「午餐後，如果不外出辦點事，就是在園中栽植或灌溉花草了。晚上，多和太太看看參考書，有時，太太就把與寫作有關資料，向我談述。臨睡前，便將次日要寫的大綱稍作準備，以便明晨工作。」

海氏不祇是一個喜歡冒險的漁獵家，而且是一個勇敢的軍人，他對我說，他的身體各部，計有創傷二百餘點之多，均係戰時被子彈及破片所傷者。他說，這可以說是在第一次世界大戰中個人受傷的最高紀錄了。

海氏又說及某次出海捕魚，被友人的大魚鈎，刺入彼的背後，經過幾小時才能夠把釣鈎取出，因釣鈎係有倒鈎者，所以，要由他的父親，把釣鈎在皮肉內再行推進，然後才可以取出來。海氏說完時，不覺哈哈大笑。

海氏精神充沛，身體頑健，不愧是一個老當益壯的巨人，我笑對他說：

「我長先生十年，但在外表看來，先生卻似乎比我大了十歲。」彼此相顧大笑不已。讀者可由我倆拍攝的照片，便知所言不虛！

事隔三年，當我在紐約 Idlewilde 機場候機飛往歐洲的時候，與送行的聯合國副秘書長胡世澤博士等好友及長、次兩女兒話別時，閱報忽睹海明威氏自殺消息，我不禁惶然悽然，面色驟變，胡博士還以為我舊病復發呢。

　　一代巨人，如斯結果，不衹驚震世界，亦使人感慨無已。我在上機前，立即致電海氏夫人及其家屬表示慰唁。

　　在他的朋友中，我總算可以代表中國人對這位世界大作家表示崇高的敬意與哀思了。

　　海氏之死，傳說不一，照我的推想，可能為思想突然發生矛盾所致。因他死前數月，血壓極高。曾進美奧兄弟醫院治療。服食 Reserpine，以減低血壓。如患有高血壓病的人，而有服食此種藥物之經驗，當不難了解海氏之突然消極。因為這種藥常有令到服食者產生憂鬱和悲觀的不良反應。海氏之死，自不難與此有關。可惜我和他會晤無多，如果他能夠在我的中國達觀哲學理論影響之下，他顯然是可以消除憂鬱，頤養天年的。

第十三章

愉快的生活

一、萬年青

　　我取名李樹芬，也許由於名字的影響，對花草樹木，具有特殊的好感。在我香港的寓所「白璧」寢室中，床後的牆上，懸有一副李樹盛開的油畫，此外，壁間還有一副雙鶴飛翔的圖畫；鶴在中國的觀念是象徵長壽的。其次，有彎曲的河流，緩流的水，以及春景，這象徵了和平與靜穆 —— 我的人生觀，於此稍可表達。

　　同時，在我的床後的壁龕中，置有鮮花一盆 —— 在中國的習慣上，這是認為不吉的，我沒有中國的迷信觀念，雖然有人認為房間如行喪事，但我不在乎，因為我喜歡如此。在鮮花的芬芳中，我的精神受到了鼓舞。

　　在過去三十年間，經常有人問我保持青春之法，我也在香港扶輪社集會中演講此一問題。有一次，我在加拿大旅行時，有一位女記者來訪，也提出這一個問題。當時，我回答：「中國人雖然膚色不如白種人之白，亦缺少多色之頭髮，但

是，中國人的青春生命的駐留，卻較白種人為長久。」中國人早年禿頭者甚少，故而諺語有「十個禿頭九個富」之說。至於中國人能少禿髮的原因，一、可能由於：滿清時代，男子除蓄辮外，前額及兩鬢必須剃去一部分頭髮，同時常剃髮而刺激毛髮生長；二、民國以前，中國蓄辮，長辮下墜，重量可觀，乃使髮囊亦堅強。這些，在民國後雖成為歷史陳跡，或因遺傳關係，中國人的毛髮乃特別健康。

至於皮膚問題，中國人經常避免劇烈陽光侵炙，這與皮膚細嫩有關，在我童年，生活於內地鄉下時，長輩就諄諄告誡，勿曝於烈日之下，謂小兒常曝於烈日之下，會生瘡疥。因此，我們幼年，常常設遮避烈日。

在我習醫之後，始知陽光對人的皮膚，兼有保護及損害之力，不過，它的影響對人種及地域有別。例如，黃種人和白種人，經太陽曝曬後，反應截然不同，黃種人的膚色經陽光曬而呈褐黑，且需時三數月始能復元。而白種人則僅需數日即可復元，為此，中國人應避免暴露於驕陽之下。近時，有不少人以曬太陽為時尚，這是錯誤的觀念。人的生理反應，如過份曬太陽，皮膚因抵抗烈日而加厚及硬化，轉成蒼老。如衣服所蔽之皮膚必較袒裸者為鮮嫩。而戶外工作者，如海員等，其外貌必較為蒼老。

經多年觀察，太陽對於人類的皮膚與青春，確有極大關係，若以戶內及戶外工作來比較，戶內工作者當能保持青春較大。

我雖然避免劇烈之陽光，但仍從事正常戶外活動。如狩獵，游泳及散步等。不過，儘可能勿在驕陽之下裸露。至於其他的保養之道，早眠早起，雖為老生常談，但與健康的關係極為重要。

至於年齡與工作能力問題，並不是相應的，用年齡來判斷工作能力，是一種錯誤。即以我來説，數年前雖已放棄醫事，但並非我不能工作之謂，至今，我的雙手仍穩定如昔，可以施行重要手術。再以目力而言，我尚喜用二十號口徑獵槍而不採用十二號口徑槍射飛鳥。在射擊方面，我仍有滿意的表現。

至於旅遊，有使人興奮及獲得休息之優點，對青春生命之保持，亦有幫助。在過去二十餘年間，我曾經周遊地球二十餘次。且在一九五九年曾打破環繞地球的時速紀錄，這一次旅行是由英國海外航空公司所發起舉辦的，採用「不列顛尼亞」噴射客機，自香港飛舊金山，我被邀請，作為免費乘客（我是唯一非報界旅遊業的人物），這一段航程僅費了二十四小時，在沿途各站，受到熱烈的歡迎，在檀香山時，倫敦兩

大報：《時代》及《新聞報》向我訪問，並向全世界廣播。到
了舊金山，我轉乘泛美公司波音七〇七式機，以五小時半抵
紐約。再由紐約乘同型機橫越大西洋至歐洲，以六小時三十
分抵倫敦。在倫敦，改乘英國海外航空公司彗星四號式機，
於十九小時飛達香港，環球一週，合計耗時五十五小時。這
是當時的紀錄，三個月之後，美國原子筆商雷諾，打破了我
飛行的世界紀錄。

二、白璧、青壁、飛鳳

　　「白璧」是我在香港太平山半山的住宅，「青壁」則是我建於九龍郊區，與青山相對的別墅，這兩處曾經過悉心營建，我愛好它們。

　　白璧在半山凸出的巉岩上，雖然海拔千尺，但在太平山的雲霧區域之下，具有高而望遠的長處，無受雲霧侵擾之弊。白璧正面向東，可以俯望香港跑馬地區域的全景。其左為香港的海港，眺望隔海的九龍，諸山玲瓏在目。其右為南，是一片靜穆的樹林。

　　白璧營建於一九四六年，取中國古語「白璧無瑕」之義。此地原係戰時英國駐防軍司令部，因為在此地可以俯瞰香港、九龍兩地，取其形勝也。

　　我的經營首先注重園地，利用地形，我開發了大小不同的園地數區。白璧所在，有一道小泉，泉水終年不竭，用於灌溉花樹，得益甚大。小泉並匯成一道高約二十尺之瀑布，

其下，我築了一個半圓形的水池。在瀑布之旁，又開闢了一道彎曲的小徑，直達後山，兩邊栽植華南各類修竹以及罕見的日本種黑竹。

白璧主要的花卉是玫瑰。我對玫瑰有着偏嗜，由於香港本島的泥土有火山遺質，對花卉生長不利，我在營建過程中，幾經辛苦，自九龍移運泥土至此，同時，為了防勁風的摧折，又在白璧園地的四週栽種「米蘭竹」，經過十年時間的耕耘開闢，現在，白璧園中，有各種不同氣候開放之玫瑰二千餘株。

玫瑰花點綴了白璧的絢爛。

一九二○年時，我已擁有一艘長四十五尺之私人遊艇，名「飛鳳」，上面已提到過了。戰時，這一艘華麗的遊艇為日本海軍司令垂涎，將之強奪而去。勝利之後，幾經查問，始知這一艘遊艇在海南島為戰敗的日軍所鑿沉。這一項戰爭損失，和其他的損失一樣，是得不到賠償的。

但是，我仍然渴望有一艘遊艇。一九四七年，我赴美，刻意訪求一艘適合的遊艇，但自紐約至佛羅利達州之羅特地港，仍不能獲得我理想中的遊艇。在失望之餘，正擬返港，忽然有人相告，華盛頓港有一艘遊艇，藏於船塢，艇主為一位富有的寡婦，她藏着這一艘遊艇以紀念其在第二次大戰中死難的丈夫。據說，這是一艘理想的遊艇。

情形如此，是否能成交就很難説，我姑妄一觀，到華盛頓港一船塢，發現這艘遊艇全部由帆布掩蔽，揭開觀看，船作流線型，設計甚佳，船名「愛雲納」（Elwinet），我在初步觀察之後，就有好感，即往見此船主人哥利夫人。她先以為我是香港來的船商，乃不願與我談生意，後來，在閒談中，我發現哥利夫人對聯合國工作至感興趣，且侃侃而談，我曾擔任聯合國中國代表團團員，並出席在舊金山之成立會。我們縱談，甚為投機，我亦藉此而説明自己購置遊艇之意，終於哥利夫人允承將該遊艇出讓。我們同到紐約，在大使酒店晚餐，盡香檳兩瓶，談成交易，這是偶然的收獲。心願達成，我就先行飛返香港。

但是，這偶然的購置，卻成了非常奢侈之舉，這一艘遊艇以貨船由美國運返香港，運費計一萬二千美元。而且，麻煩也很多。當遊艇運抵香港之後，發現香港海港內並無足夠力量之起重機卸下遊艇。而該一貨船離港在即，這情形使我大為狼狽，最後我向香港海事處求助。

幸而日本投降後，留有一艘巨型起重機輪船，為英政府所接收，海事處調撥該船協助，始將這一艘遊艇卸下，這一艱難的工作，在起卸時，祇耗了十五分鐘。但起重船十五分鐘之費用，則為港幣六千元。

這艘遊艇，我命名為「飛鳳第二」，船身全長五十五尺，闊十三尺半，排水量四尺半，柴油引擎，可航行一千一百里。艇內的設備，全部空氣調節，有冷熱水，廚房很寬大，置有電冰箱及冷藏箱各一。浴室及廁所，都有電力沖洗的設備，艙房設有一張床，而總房艙則有雙人床。

——這就是我的「飛鳳第二」。

由香港至青壁，經常我乘飛鳳前往。這一段內海水程通常是風平浪靜的。

青壁與九龍的青山遙遙相對，我花了二十年時間從事經營這一所別墅（白壁的營建，祇有四年時間），這是具有東方宮殿式的設計。地位在一個一百尺左右的高丘上，天色晴朗時，在青壁可以眺望澳門與中國大陸之連田島。

青壁本身，佔地三英畝半，三面臨海，建有私人泳池。並設有一個人造石洞。這是摹仿我國廣西木龍洞及意大利加比利島的藍洞兩處形勢而構築的，用玉桂色的石塊砌牆，凹凸不平而甚美麗。地台則用平滑的意大利產雲石，光華而微帶紅褐色的條紋。此外，洞內有人工砌成的石鐘乳、噴水池、石像及野餐烤爐等。

這一個石洞，我以為是得意傑作，為了它我費了十一個月的時間。

我喜歡青壁，視此為渡假的勝地。這兒，還有歷史故事，十三世紀，中國南宋的末代皇帝流亡嶺海，曾經到過九龍灣。

據說現青壁之所在地是與元初歷史有關。公元一二七四年，南宋第六代天子道宗駕崩於首都臨安（杭州），他的兒子憲，當時祇有四，五歲，即位為帝。過了兩年，首都又被元兵攻破，憲宗被幽禁，送至北京被封為瀛國公。過了數年，卻被逼出家為僧放逐到蒙古，不久便去世了。在臨安未被攻破之前，廷中大臣便已經將憲宗的異母兄弟遷避，這便是後來的宋帝昰和宋帝昺。首都被攻陷後，他們的叔父帶着他們二人向南逃奔，到浙江的溫州，因此地近海交通便利。他們在那裏停留了三個月，以等候廷臣及官兵的到來。不久朝中大臣漸增，其中計有陸秀夫等重要人物。當時憲宗既然被擄去北京，於是眾人便立宋帝昰為主，號端宗，以昺為副，乘船經福州，泉州，廈門，潮州（汕頭）等地而到九龍[27]。

一日，端宗在山上默然靜坐，忽然看見各山脈的形勢甚像龍之形狀。便對陸丞相說：「此處山脈甚似八條龍。」陸丞相答說：「是的，連同陛下本人便是『九龍』了！」（我們都知道龍是代表皇帝的。）大約九龍便是由此得名。不久，端宗在大嶼山之東涌去世；他的弟弟宋帝昺繼位，這便是南宋最後的一位皇帝。其時宋兵屢次與元兵海戰，但都慘敗。陸丞相

見大勢已去，知無可挽回。最後便將宋帝昺用絲巾負於背上，持玉璽投江自盡。隨行的官員亦多隨之而死。經過了三百一十五年的宋皇朝便就此結束。而亦即是元代開始它八十八年統治中國的大業[28]。

傳說宋皇曾路經青壁的現址，惜無可稽考。不過青壁乃面對大嶼山之東涌，此為宋朝的最後朝廷。故據信風水的人說，如為青壁現址的主人，前程必定無可限量。但是不過無稽之談。相信的人或會感到喜悅與歡欣，而我本人則覺得有趣吧了！

三、茶經

　　茶，是中國古老相傳之飲料。飲茶，長久以來就被視為風雅事，中國人的飲茶習慣，且亦流播於世界。

　　我曾經答復來香港訪問的外國朋友，中國女子的身材苗條，與飲茶有關。我以為，茶葉能令人之腸胃納量略為減少。此為減輕體重的正道方法。同時，中國人飲茶之方法，亦與能保持體重不使過肥有關。中國人並無飲下午茶的習慣，自早至晚，隨時飲茶，而所飲則以綠茶為主。綠茶，又名清茶。

　　在中國的家庭中，或者舊式的商店內，大多備有熱茶一大壺，以藤製籃裝載以保暖（現在多用熱水瓶。）客來，隨時以茶為獻，在中國的生活習慣中，甚少以酒及白水待客解渴。中國諺謂一個家庭開門有七件事（即七項需要），其排秩序如下：柴、米、油、酒、鹽、醋、茶。茶，成為家庭的必需品。

　　茶葉中含有一種樹皮酸（即鞣酸），綠茶之含量達百分之七至十五。及咖啡素百分之一至四 —— 樹皮酸為泡製皮革之

主要化學劑，其方法為先將生皮浸松樹皮酸的溶液中，至適當時間，將之取出，曝曬於太陽之下，俟其乾後，生皮即硬化及收縮而為工用的皮革了。

茶葉對人體之消化器官，具有硬化及收縮的功能，如此則可將腸胃消化力略為減低，因此，飲茶的人，其食量大致會較為減低。

茶有許多種類，大致分為紅茶與綠茶。中國紅茶以祁門及寧州兩地所產為最佳。綠茶則以浙江杭州產為最出名。介乎紅茶與綠茶之間者，有所謂烏龍茶與茉莉茶，後者味美，亦甚芳香，但所含咖啡素較多，飲後易使人失眠。

在福建省廈門區域居民，嗜飲岩茶。岩茶生植於該區之高山上，以前，曾有謂岩茶係由猴子採擷者，其事自屬無稽。茶商不過用以為宣傳吧。

岩茶產量不多，故價值甚昂，在廈門、汕頭兩地居民，常言嗜飲岩茶可致傾家蕩產。當然，這是誇大的說法，不過，由此可知岩茶之名貴為人所愛悅。

在廈門和汕頭，時時會見到數人圍坐在小圓桌邊飲邊談，桌子中央置有小炭爐一座，爐上置水壺。水沸，主人即將之沖入盛有岩茶葉的小茶壺內，然後，再將泡好了的茶奉客。每人祇一小杯，飲這種茶，要小啜品味，如一飲而盡，那就

是俗氣和不懂欣賞了。

這種茶，味道很濃，有似西洋人飲強烈的飯後酒。通常，在飲茶時是單獨品味而不進其他食物的。那是怕其他食物的味道破壞了茶的雋永感。

這是中國生活方式的一環，而且是富於藝術性的。

但是，以現代的科學來說，茶的功能既有將食慾略減之功，故亦有藥的作用了。減輕食量，亦有助於減輕體重。若在飯前半小時飲茶，並可略為止飢，而經過冰凍之茶，更能使人食慾降低，那是腸胃經過凍茶浸滲而收縮之故也。

不過，以飲茶來求減低體重，需要相當長的時間始能奏效，大約要有三個月或以上的時間才漸漸地有用，再者，飲茶減肥，祇能對稍肥者而施，過肥者或求大量減輕體重者，那是做不到的。

關於茶的濃度，以我自己的經驗來說，為將茶泡至白蘭地酒的顏色。大約用半盎斯或三滿茶匙的茶葉沖於容一磅半沸水壺中，不過，各地所產茶葉之質素與色澤不同，上面所說，祇能作為參考用。

至於我通常所飲的清茶，名曰鐵觀音，產於廈門區域和台灣的，飲之不會有失眠症。鐵觀音茶葉的品類和價格有多種，通常，每兩一至二元港幣的中品，便可以了。且與上品

之味，相去不甚遠。

　　我飲鐵觀音已有二十五年之久，沒有任何弊病。我的體重，經常保持在一百五十五磅上下，我在食物方面並不太節制，每天約進糖兩益斯，如果發現體重有增加傾向──我每晨自浴室出，必磅一次──便少吃一碗飯。如此，我的體重，能長期保持。

　　關於清茶泡製，乃用日光曝曬，不若紅茶之用火烘者，清茶貯藏日久，便消失芬芳，但其中所含之鞣酸則仍然存在。自然，飲用以新鮮的茶葉為佳。

　　我每年旅行中，必攜帶密封之鐵觀音茶葉數磅。在歐美各地，每日必飲中國茶一次。我到歐美的中國餐廳，在點菜之前，先要沸水兩壺，其中之一用以泡茶，其他則用以將茶杯沖暖，如發現所泡之茶太濃，再用水將之調和至適當的濃度。

　　至於泡茶的器具，必需瓦質或瓷質，用金屬之壺煮水泡茶，茶中就雜有五金味。此外，有若干城市，如香港，食水加氯，以為消毒除臭，這種水用以泡茶，亦不相宜。因此，善於品茗者，喜用泉水或山水沖茶。至於以城市含氯之自來水沖茶，有一個方法可試，先將水煮沸，隔二十四小時，再煮沸一次，可以稍減氯氣。

中國人飲茶，具有悠久的歷史，據傳說，在有史以前，神農氏的時代，即已發現了茶。這是神話傳說的一種，以言茶的悠久而已。至於中國人飲茶的趨於普遍，則始於唐代，武則天為女皇帝時，宮廷開始飲茶，其後，飲茶成貴族社會的風氣，並傳至日本。這是中國茶道的另一支發展了。

四、醫學基金會

　　每一個人都有他的生活哲學，我的人生觀是中國的與西洋的綜合。我希望我離開這世界時能比出生時多有餘蔭，這不是為一家之謀，而是為人類下一代之謀的。

　　這是一項虛懸的理想，但是，我希望能實現它，一九五八年時，我決定半退休，俾有時間可以實踐為下一代服務的工作。

　　一九六一年，我將八萬餘尺的土地一塊捐贈給香港大學。

　　在香港大學的區域以內，我有一塊土地，港大為擴充校舍，和我洽商，欲購這一塊地。我在得悉之後，將此一地產贈予香港大學，這是我的母校，當我有能力協助時，樂於出力的。

　　香港的土地價值隨城市發展而飛速上漲，我這一塊土地價值自不算小，港大當局為酬謝我的相贈，他們在此一土地上所建的樓宇，定名為香港大學醫學院李樹芬樓，以為紀念。

我希望我的資產能作社會的用途，捐贈土地予港大，祇是一個實際的開始。在此之前，我已深籌，如何將我的資財用以造福社會和培植下一代之用。

　　也在一九六一年五月，我以我的資產成立了「李樹芬醫學基金會」—— 這一緣起，我首先鑑於家人皆有自立生活，而用之於社會的方法，以設立基金會為最具體及恆久。我的家屬也一致同意我的主張，基金會乃告成立，設有理事局，理事五人，一年後，我將在養和醫院的投資之百分之八十捐予基金會。

　　估計，這值一千八百餘萬港元，用這筆錢經營所得的利潤作為基金會的用途，其辦法是仿照美國的美奧基金會，紐柯連之長大樂醫學基金會原則辦理。

　　李樹芬醫學基金會之主要目的，在於襄助醫學教育，給予醫學生以獎金，及協助深造。此外，並協助護士及產科畢業生，及醫藥之研究者。

　　這是屬於教育方面的，除此之外，我更以基金會的資金，在養和醫院增添免費病床及贈診。

　　一九六三年三月三日下午三時，美國的胸科學會舉行國際胸科大會，推舉我為主席，我的李樹芬醫學基金會，亦於是時舉行成立典禮。

這一個日期包括四個「三」字，對我，這是很巧妙的數目字，四十年前，我發現注射脊背麻醉劑藥方，採用了「三三三式」，從此，和這數字有了不解之緣。

我有生之年，將為此一基金會而竭盡所能。希望我這一個開端，能拋磚引玉，造成風氣。以目前的情形來說，香港的醫生實在太少了，六十年前，每年醫科畢業生二十餘，仍極感不足，平均三千五百市民，始有一醫生（美國比率為一比七百五十，英國為一比一千三百五十），希望以後能有更多的醫生為病人服務。

在此附帶宣告醫學基金會三個原則：

一、促進醫學教育；

二、輔助醫學研究；

三、施行慈善的貧病醫療工作。

自醫學基金會成立，撥捐香港大學作為醫學研究（包括癌症、婦產科、解剖學、小兒腎病等）、獎學金、助學金、津貼、獎金等之用，已達十七萬餘元，以後每年繼續增加獎學與助學金數目。此外，貧苦醫學生亦可申請獲得免息貸款。

撥捐其他機構如喜靈洲痲瘋院、香港抗癌會、香港家庭計劃指導會等作為醫學教育與研究者，為數亦達五萬餘元。此後每年對於以上機構之申請助款，將予注重，因此等機構

之工作成績甚佳，對維持社會健康亦大有助益也。

　　至於養和醫院方面，為提高護士學水準，有志於護理深造之本院畢業護士，如基金會認為合格，可申請往英國或澳洲深造。至今經已獲得此項選科學額者有兩人：一人赴倫敦深造外科手術室管理及行政；一人赴澳洲深造護士教務。這兩人已得美滿成績而回養和醫院服務，兩名學額共計三萬元。

　　鑑於香港人煙稠密，而貧病者日多，為援濟此等不幸者，基金會每年特撥予養和醫院三萬元作為贈診與免費留醫之用。

　　由一九六四年起，每年添設國際性醫學選科學額一名（為期三年，為試辦性），任何國家醫師均可獲得，獎額每年為一千美元，此項學額，由美國胸科學會芝加哥總會代接申請書，選擇其中之一名則由基金會決定。一九六四年度學額業已為一名加拿大籍法國醫生獲得。

　　截至目前，李樹芬醫學基金捐出之數額已達三十餘萬元。在此短期間，能有如此良好成績，堪稱告慰。我對基金會之發展，甚為樂觀。

五、黃昏

　　我雖然已停止了外科手術工作，但是，我尚未完全退休，每天，我仍處理醫院的管理事務。工作時間的分配，大致如下：每天上午至養和醫院治事，午飯後作短期的午睡，再到市區的私人事務所處理公務。

　　這些事務上的工作，雖然不算煩劇，但亦必須相當的時間處理。

　　一日的工作完成之後，當黃昏之際，我回到我在半山區的住宅白璧飲茶，然後在玫瑰花叢中散步。這是我最恬靜和閒適的時間；這也是最幽靜的環境。

　　在暮色低迷中，我享受自然界的黃昏，此時，思念與憂慮好像都散失了，在絢爛的花叢中，在青蔥的草間，在晚風的吹拂中，偶然眺望九龍燈火與遙遠的中國大陸上的雲霞，心靈似乎離開了實境。再俯視香港，萬家燈火，維多利亞港口，小輪來來去去，好像閃光的小玩具 —— 夜降臨了。

自黃昏而至黑夜，聯想到一個人生命的歷程。人的一生與自然界的一日，同其短促，興念及此，亦不免有很大的感慨。雖然，回顧我五十年間行醫的過去，我沒有遺憾，在戰亂頻仍的人世，我在事業上克盡厥職。我曾盡我所能減少病人的痛苦與延長他們的生命。我願來世再作醫生，為天下病苦者服務。

夜色覆罩着大地了，在星空之下，我想到中國古老的以流水比喻生命的至言：「百川東到海，何時復西歸！」與及「生命如逝水，一去不復回。」

作者從白璧遠眺維多利亞港。

李維達醫生、李維文跋

伯父李樹芬醫生畢業於香港華人西醫書院（即香港大學醫學院前身），繼而遠赴蘇格蘭愛丁堡大學深造。回國後他不計薪酬，出任廣東公醫大學醫學院（現為中山大學中山醫學院）校長，為國家培育新一代醫學人才，提升醫療水平。後來他回港執業，一九二六年出任養和醫院院長及董事會主席。

伯父早年曾到美國考察美奧兄弟醫院（Mayo Clinic）。該院經營有法，令他留下深刻印象。他認為美奧兄弟醫院的模式，可為養和的借鑒。後來他派家父李樹培醫生再訪美奧，考察醫院的具體運作，此後伯父與家父為養和及本港醫療發展均作出重大貢獻。及後伯父決定捐出其本人在養和的全部股份，成立非牟利機構「李樹芬醫學基金會」（下稱「基金會」）。基金會於一九六三年舉行成立典禮，翌年伯父完成《香港外科醫生》一書。

威廉・美奧（William James Mayo）是美奧醫學基金（Mayo Foundation）創辦人之一，他曾對伯父說：「訓練十個醫學生，勝過行醫一世」，而伯父亦曾言道：「願盡我一生，使世界比我初生所見的更為美好」。今天的養和跟以往一樣，同樣是李氏兄弟並肩上陣：弟弟李維達醫生領導醫療及護理服務發展，哥哥李維文專責醫院的經營和管理，一起延續伯父和基金會的理念。

誠如伯父在《香港外科醫生》自序所言：「本人將歷年奮鬥

積聚而來之資金創立李樹芬醫學基金以促進醫學教育,以及從事醫學的精深研究和培植醫學人才,希望同胞共同努力以臻強身強種之境。現在尚未達到目的,希望同志同道有如國父之遺囑其中所云:『……革命尚未成功,凡我同志,仍須努力……』」,五十多年來,基金會積極推動本港醫學教育、醫學研究及慈善服務,致力實現李醫生的宏願,以達致「我國與西方得以互相了解,此乃現代世界和平之最大關鍵」,成績有目共睹。

伯父早在一九六一年向港大醫學院捐出位於薄扶林逾八萬平方呎土地,作興建教學樓之用。其後家父秉承伯父理念,對培訓香港醫生不遺餘力。二〇〇二年港大醫學院於現址建成芬培花園,

二〇〇二年香港大學醫學院芬培花園開幕禮
(左二為李樹培醫生,右二為李維達醫生)

以表揚李氏兄弟的貢獻。

在往後的日子，養和與香港大學及香港中文大學醫學院合作更加緊密，包括為高年級醫科生提供在院培訓。二〇〇八年，李樹培醫學基金會成立，至今已向逾二十位畢業於香港中國婦女會中學的香港大學及香港中文大學醫科生頒發獎學金。

此外，養和亦以基金形式（Dean's Fund）向香港大學捐款，支持各類臨床研究，以及資助香港大學科研人員遠赴外國深造，培訓優秀科研人才。養和在香港大學、香港中文大學及美國加州大學洛杉磯分校設立共十一個教授席，包括外科、婦產科、骨科、內科、兒童及青少年科、眼科、腫瘤學、血液學及腸胃學等；二〇一四年在養和醫院成立香港大學臨床醫學教研部（HKU Clinical Academic Unit），內設病床供港大臨床教授、專科培訓及科研使用，擔當重要知識交流平台（Knowledge Exchange Platform）。醫院現時亦參與培訓家庭醫學、外科、眼科、骨科及整形外科等專科醫生，受訓人數至今逾一百三十人。

為紀念伯父對本港醫學的貢獻，養和於二〇一二年起舉辦一年一度的「李樹芬講座」，先後邀得梁智鴻醫生、前香港大學李嘉誠醫學院院長李心平教授、馮氏集團主席馮國經博士、前香港中文大學校長沈祖堯教授、前律政司司長黃仁龍先生、現任特首林鄭月娥女士、現任香港大學李嘉誠醫學院院長梁卓偉教授及現任食物及衛生局局長陳肇始教授等傑出人士主講，分享對未來社會發展的真知灼見。

二〇一七年，養和醫療集團正式啟動，業務日益廣泛。伯父

和家父從美奧兄弟得到啟發，繼而影響着我們兩兄弟。上一代李氏兄弟的理念，將繼續推動我們這一代李氏兄弟，全力實踐養和及基金會的崇高使命，開拓香港及國家未來醫學發展的新領域。

李維達醫生
養和醫療集團行政總裁
養和醫院院長
眼科專科醫生

李維文
養和醫療集團營運總監
養和醫院經理（行政）

作者資歷

香港政府非官守太平紳士

香港大學名譽法學博士

日內瓦及芝加哥國際外科學院名譽院士

愛丁堡皇家外科學院院士

美國胸科學會監察委員

香港養和醫院董事長兼院長及外科名譽顧問醫師

李樹芬醫學基金會理事局主席

前中華民國衛生司司長兼臨時總統府醫事顧問

前廣東公醫大學醫學院（現為中山大學中山醫學院）校長兼外科教授

社團服務與其他

1911-1912 年：　中華民國臨時總統府醫事顧問兼衛生司司長

1923-1925 年：　廣東公醫大學醫學院校長兼外科教授

1926 年起：　　養和醫院董事長兼院長

1926 年：　　　香港中華醫學會會長

1932-1936 年：　香港潔淨局議員

1933-1939 年：　香港政府醫務管理局委員

1934 年起：　　香港政府非官守太平紳士

1935 年起：　　香港東華三院永遠顧問

1936-1938 年：　香港市政局議員

1937-1941 年：　香港立法局議員

1936-1939 年、 1947-1948 年、 1961 年起：

　　　　　　　　香港扶輪社社長、區監督、名譽社員

1940-1941 年：　香港東華東院名譽胸科巡院醫師

1945 年：　　　出席美國三藩市聯合國組織會議中國代表團顧問

1946-1949 年：　香港防癆會董事

1954 年起：　　香港政府名譽鳥獸監護官

1957 年起：　　香港孔聖會名譽會長

1958 年起：　　香港中山大學同學會名譽會長

1959-1961 年： 香港喜靈洲痲瘋院委員

1961 年起： 李樹芬醫學基金會創辦人兼理事局主席

1961 年起： 香港大學裁判委員會委員

1962 年起： 香港家庭計劃指導會恩助人

1964 年起： 香港兒科醫學會恩助人

學銜

1908 年： 香港華人西醫書院內外科醫學士

1910 年： 愛丁堡大學內外科醫學士

1911 年： 愛丁堡大學熱帶病學與衛生學選科文憑

1922 年： 英國皇家外科醫學院院士

1956 年： 美國胸科學會監察委員

1961 年： 香港大學名譽法學博士

1961 年： 日內瓦國際外科學院名譽院士

1964 年： 美國國際外科學院「國際百週年傑出外科醫師」獎銜

註釋

① 英文版作三年。
② 同上。
③ 英文版作一九〇二年。
④ 英文版作三年前。
⑤ 英文版作兩年之後。
⑥ 應為鴨巴甸大學。
⑦ 應作陳君少白。
⑧ 時序有誤，與英文版內容亦略有出入。
⑨ 此處與史實略有出入，與英文版內容亦略有出入。
⑩ 此處與史實略有出入。
⑪ 此處與史實略有出入。
⑫ 應作楊西岩。
⑬ 英文版作二百七十餘頁。
⑭ 應為男爵。英文版作 "Lord Moynihan"。
⑮ 英文版作五九五頁。
⑯ 英文版作一九五三年。
⑰ 英文版作一九五五年。
⑱ 英文版作十四名。
⑲ 英文版作一九五三年。
⑳ 英文版只言英、美兩國。
㉑ 英文版作一九四〇年。
㉒ 應為聖士提反。
㉓ 前述為華倫天。英文版則未有提及這一處。
㉔ 應為華民代表會及華民各界協議會。
㉕ 英文版作一百七十五萬。
㉖ 英文版作一百七十餘萬。
㉗ 原文如此，這裏談到的宋末史實似與史實有所出入。
㉘ 原文如此，這裏談到的宋末史實似與史實有所出入。